Dieser Band enthält – links englisch, rechts deutsch – fünf Erzählungen von O. Henry (1862–1910), dem Vater der modernen amerikanischen short story. Es sind Geschichten von kleinen braven Bürgern und (meist) harmlosen Gaunern. Mehr als einmal geraten sich Mammon, der Gott des Geldes, und der göttliche Bogenschütze Amor ins Gehege – und immer gibt's ein happy end.

dtv zweisprachig · Edition Langewiesche-Brandt

O. Henry

Mammon and the Archer

Geschichten von Geld und Liebe

Deutscher Taschenbuch Verlag

Übersetzung: Theo Schumacher

Deutscher Taschenbuch Verlag GmbH & Co. KG München
15.–17. Tausend November 1976

Umschlaggestaltung: Celestino Piatti
Gesamtherstellung: Kösel, Kempten
Printed in Germany. ISBN 3-423-09027-8

Mammon and the Archer

Old Anthony Rockwall, retired manufacturer and proprietor of Rockwall's Eureka Soap, looked out the library window of his Fifth Avenue mansion and grinned. His neighbour to the right—the aristocratic clubman, G. Van Schuylight Suffolk-Jones, — came out to his waiting motorcar, wrinkling a contumelious nostril, as usual, at the Italian renaissance sculpture of the soap palace's front elevation.

"Stuck-up old statuette of nothing doing!" commented the ex-soap King. "The Eden Musée'll get that old frozen Nesselrode yet if he don't watch out. I'll have this house painted red, white and blue next summer and see if that will make his Dutch nose turn up any higher."

And then Anthony Rockwall, who never cared for bells, went to the door of his library and shouted "Mike!" in the same voice that had once chipped off pieces of the welkin on Kansas prairies.

"Tell my son," said Anthony to the answering menial, "to come in here before he leaves the house".

When young Rockwall entered the library the old man laid aside his newspaper, looked at him with a kindly grimness on his big, smooth, ruddy countenance, rumpled his mop

Mammon und Amor

Der alte Anthony Rockwall, der nunmehr privatisierende Fabrikant und Besitzer der Rockwall Eureka Seifenwerke, schaute aus dem Bibliotheksfenster seines Prachthauses in der Fifth Avenue und grinste. Sein Nachbar rechter Hand – G. Van Schuylight Suffolk-Jones, Mitglied zahlreicher aristokratischer Klubs – bestieg sein bereitstehendes Auto und rümpfte dabei wie immer verächtlich die Nase über die italienische Renaissanceskulptur, welche die Fassade des Seifenpalastes zierte.

«Dieser eingebildeten alten Schießbudenfigur paßt doch überhaupt nichts!» bemerkte der ehemalige Seifenkönig. «Der alte Eisklotz kommt noch ins Panoptikum, wenn er nicht aufpaßt. Im nächsten Sommer lasse ich dieses Haus rot-weiß-blau streichen, vielleicht trägt er seine holländische Nase dann noch höher.»

Dann trat Anthony Rockwall, der sich noch nie mit Klingeln hatte befreunden können, an die Tür seiner Bibliothek und brüllte «Mike!» mit der gleichen Stimme, die einst den Himmel über den Grasebenen von Kansas hatte erzittern lassen.

«Sagen Sie zu meinem Sohn», befahl Anthony dem augenblicklich erscheinenden Diener, «er soll zu mir kommen, bevor er ausgeht.»

Als Rockwall jun. die Bibliothek betrat, legte der Alte seine Zeitung beiseite und betrachtete ihn mit einem Ausdruck grimmigen Wohlwollens auf seinem dicken, glatten, rosigen Gesicht, wobei er mit einer of white hair with one hand and rattled the keys in his pocket with the other.

"Richard," said Anthony Rockwall, "what do you pay for the soap that you use?"

Richard, only six months home from college, was startled a little. He had not yet taken the measure of this sire of his, who was as full of unexpectedness as a girl at her first party.

"Six dollars a dozen, I think, dad."

"And your clothes?"

"I suppose about sixty dollars, as a rule."

"You're a gentleman," said Anthony, decidedly. "I've heard of these young bloods, spending $ 24 a dozen for soap, and going over the hundred mark for clothes. You've got as much money to waste as any of 'em, and yet you stick to what's decent and moderate. Now I use the old Eureka – not only for sentiment, but it's the purest soap made.

Whenever you pay more than 10 cents a cake for soap you buy bad perfumes and labels. But 50 cents is doing very well for a young man in your generation, position and condition. As I said, you're a gentleman. They say it takes three generations to make one. They're off. Money 'll do it as slick as soap grease. It's made you one. By hokey! it's almost made one of me. I'm nearly as impolite and disagreeable and ill-mannered as these two old knickerbocker-gents on each side of me that

Hand seinen weißen Haarschopf zerzauste und mit der anderen seine Schlüssel in der Tasche klappern ließ.

«Richard», sagte Anthony Rockwall, «wieviel gibst du für deine Seife aus?»

Richard, der erst vor sechs Monaten vom College nach Hause zurückgekommen war, schien ein wenig verblüfft. Er kannte sich noch immer nicht aus mit seinem alten Herrn, der so unberechenbar wie ein Mädchen auf seiner ersten Party war.

«Sechs Dollar das Dutzend, glaube ich, Papa.»

«Und für deine Anzüge?»

«Ich schätze, in der Regel ungefähr sechzig Dollar.»

«Du bist ein Gentleman», sagte Anthony mit Entschiedenheit. Ich habe da von jungen Leuten gehört, die vierundzwanzig Dollar für ein Dutzend Seifen bezahlen und für einen Anzug über hundert geben. Du hast genausoviel Geld zu verjubeln wie nur irgendeiner von ihnen, und doch bleibst du einfach und weißt, was sich schickt. Ich zum Beispiel benütze die alte Eureka – nicht nur gefühlshalber, sondern weil sie die reinste Seife auf dem Markt ist. Sobald man über zehn Cents für ein Stück Seife ausgibt, muß man das schlechte Parfum und den Namen mitbezahlen. Aber fünfzig Cents ist in Ordnung für einen jungen Mann deiner Generation, Stellung und Verhältnisse. Du bist eben ein Gentleman. Es heißt, daß drei Generationen dazu gehören, um einen hervorzubringen. Die sind nun abgelaufen. Mit Geld geht das wie geschmiert. Geld hat aus dir einen Gentleman gemacht. Zum Henker! Es hätte beinahe aus mir noch einen gemacht. Ich bin doch fast ebenso unhöflich, ekelhaft und ruppig wie diese zwei alten New Yorker Spießer links und rechts neben mir, can't sleep of nights because I bought in between 'em."

"There are some things that money can't accomplish," remarked Young Rockwall rather gloomily.

"Now, don't say that," said old Anthony, shocked. "I bet my money on money every time. I've been through the encyclopaedia down to Y looking for something you can't buy with it; and I expect to have to take up the appendix next week. I am for money against the field. Tell me something money won't buy."

"For one thing," answered Richard, rankling a little, "it won't buy one into the exclusive circles of society".

"Oho! won't it?" thundered the champion of the root of evil. "You tell me where your exclusive circles would be if the first Astor hadn't had the money to pay for his steerage passage over?"

Richard sighed.

"And that's what I was coming to," said the old man, less boisterously. "That's why I asked you to come in. There's something going wrong with you, boy. I've been noticing it for two weeks. Out with it. I guess I could lay my hands on eleven millions within twenty-four hours, besides the real estate. If it's your liver, there's the Rambler down in the
10 bay, coaled, and ready to steam down to the
11 Bahamas in two days."

die nachts nicht mehr schlafen können, weil ich mich zwischen sie hineingesetzt habe.»

«Es gibt aber Dinge, die man mit Geld nicht erreichen kann», bemerkte der junge Mann etwas niedergeschlagen.

«Das ist doch nicht dein Ernst!» sagte der Alte entrüstet. «Auf Geld riskiere ich nach wie vor jede Wette. Ich habe das Konversationslexikon schon bis zum Y durchgekämmt, um etwas zu finden, das man nicht damit kaufen kann; und nächste Woche werde ich wohl mit den Ergänzungsbänden anfangen müssen. Ich setze auf Geld; das schlägt alles aus dem Feld. Sag mir doch, was Geld einem nicht verschafft!»

«Um nur eins zu nennen», antwortete Richard bitter, «es verschafft einem nicht den Zutritt zu den exklusiven Kreisen der Gesellschaft.»

«Oho! Wieso denn nicht?» verteidigte der Alte mit Donnerstimme die Wurzel allen Übels. «Kannst du mir vielleicht sagen, wo deine exklusiven Kreise wären, wenn der erste Astor nicht das Geld gehabt hätte, im Zwischendeck den Atlantik zu überqueren?»

Richard seufzte.

«Und darauf wollte ich zu sprechen kommen», sagte der Alte, nun weniger ungestüm. «Deswegen habe ich dich hereingebeten. Es ist etwas nicht in Ordnung mit dir, Junge. Ich beobachte es schon seit vierzehn Tagen. Heraus damit! Ich schätze, ich könnte innerhalb von vierundzwanzig Stunden elf Millionen zur Verfügung haben, abgesehen von den Liegenschaften. Wenn es deine Leber ist, der *Rambler* liegt unten in der Bucht, mit vollen Bunkern und bereit, in zwei Tagen die Bahama-Inseln anzulaufen.»

"Not a bad guess, dad; you haven't missed it far."

"Ah," said Anthony keenly; "what's her name?"

Richard began to walk up and down the library floor. There was enough comradeship and sympathy in this crude old father of his to draw his confidence.

"Why don't you ask her?" demanded old Anthony. "She'll jump at you. You've got the money and the looks and you're a decent boy. Your hands are clean. You 've got no Eureka soap on 'em. You've been to college, but she'll overlook that."

"I havn't had a chance," said Richard.

"Make one," said Anthony. "Take her for a walk in the park, or a straw ride, or walk home with her from church. Chance! Pshaw!"

"You don't know the social mill, dad. She's part of the stream that turns it. Every hour and minute of her time is arranged for days in advance.

I must have that girl, dad, or this town is a blackjack swamp forevermore. And I can't write it — I can't do that."

"Tut!" said the old man. "Do you mean to tell me that with all the money I've got you can't get an hour or two of a girl's time for yourself?"

"I've put it off too late. She's going to sail
12 for Europe at noon day after to-morrow for
13 a two years' stay. I'm to see her alone to-

«Nicht schlecht geraten, Papa; weit hast du nicht daneben getroffen.»

«Ah», sagte Anthony lebhaft, «wie heißt sie?»

Richard begann, auf und ab zu schreiten. Er spürte genug kameradschaftliche Anteilnahme hinter der rauhen Schale seines alten Vaters, um ihn ins Vertrauen zu ziehen.

«Warum fragst du sie nicht?» wollte Anthony wissen. «Sie wird sich dir an den Hals werfen. Du hast Geld, siehst gut aus und bist ein anständiger Kerl. Deine Hände sind sauber. Es klebt keine Eureka-Seife an ihnen. Du bist zwar ins College gegangen, aber das wird sie gern hinnehmen.»

«Ich hatte noch keine Gelegenheit», sagte Richard.

«Dann führe eine herbei», sagte Anthony. «Mach mit ihr einen Spaziergang im Park, fahr mit ihr aus, oder begleite sie von der Kirche nach Hause! Gelegenheit! Daß ich nicht lache!»

«Du kennst die Tretmühle der Gesellschaft nicht, Papa. Und sie gehört zu den Leuten, die das Ganze in Gang halten. Jede Stunde und jede Minute ihrer Zeit ist auf Tage voraus reserviert. Ich muß das Mädel haben, Papa, oder ich halte es in diesem Drecksnest von Stadt nicht mehr aus. Und ich kann es ihr nicht schreiben — ich kann es einfach nicht.»

«Na, na!» sagte der Alte. «Du willst mir doch nicht weismachen, daß du mit all meinem Geld nicht eine oder zwei Stunden von der Zeit eines Mädchens in Anspruch nehmen kannst.»

«Ich habe es zu lange hinausgeschoben. Übermorgen mittag fährt sie auf zwei Jahre nach Europa. Morgen abend werde ich noch ein paar Minuten mit ihr allein morrow evening for a few minutes. She's at Larchmont now at her aunt's. I can't go there. But I'm allowed to meet her with a cab at the Grand Central Station to-morrow evening at the 8.30 train. We drive down Broadway to Wallack's at a gallop where her mother and a boxparty will be waiting for us in the lobby. Do you think she would listen to a declaration from me during that six or eight minutes under those circumstances? No. And what chance would I have in the theatre or afterward? None. No, dad, this is one tangle that your money can't unravel. We can't buy one minute of time with cash; if we could, rich people would live longer. There's no hope of getting a talk with Miss Lantry before she sails."

"All right, Richard, my boy," said old Anthony cheerfully. "You may run along down to your club now. I'm glad it ain't your liver. But don't forget to burn a few punk sticks in the joss house to the great god Mazuma from time to time. You say money won't buy time? Well, of course, you can't order eternity wrapped up and delivered at your residence for a price, but I've seen Father Time get pretty bad stone bruises on his heels when he walked through the gold diggings."

That night came Aunt Ellen, gentle, sentimental, wrinkled, sighing, oppressed by wealth, in to Brother Anthony at his evening paper, and began discourse on the subject of lovers' woes.

sprechen können. Sie ist jetzt bei ihrer Tante in Larchmont. Ich kann sie dort nicht aufsuchen. Aber ich darf sie morgen abend mit einer Droschke am Hauptbahnhof abholen, wo sie mit dem 8.30-Uhr-Zug ankommt. Wir fahren dann im Galopp den Broadway hinunter zum Wallack-Theater, wo ihre Mutter mit ihren Logengästen im Foyer auf uns wartet. Glaubst du, sie würde während dieser sechs bis acht Minuten unter solchen Umständen meine Liebeserklärung anhören? Nein. Und welche Chance habe ich im Theater oder danach? Keine. Nein, Papa, das ist einmal ein Knäuel, das dein Geld nicht entwirren kann. Nicht eine Minute Zeit läßt sich mit klingender Münze kaufen; wäre es anders, so würden reiche Leute länger leben. Ich habe keine Hoffnung mehr, mit Miß Lantry vor ihrer Abreise zu sprechen.»

«Schon gut, Richard, mein Junge», sagte der Alte aufgeräumt. «Geh jetzt nur in deinen Klub. Ich bin froh, daß es nicht deine Leber ist. Aber vergiß nicht, von Zeit zu Zeit dem großen Mammon im Tempel ein paar Räucherstäbchen abzubrennen. Du hast gesagt, daß Zeit sich nicht mit Geld kaufen läßt? Nun, es gibt freilich keinen Preis, für den du dir Unsterblichkeit bestellen und wohlverpackt ins Haus liefern lassen kannst; aber ich habe schon erlebt, daß die liebe Zeit, wenn sie über Goldfelder gehen mußte, sich ganz hübsch die Fersen zerschunden hat.»

Am selben Abend kam Tante Ellen, sanftmütig, gefühlvoll, runzelig und stets unter der Last des Reichtums seufzend, zu ihrem Bruder Anthony, der gerade seine Abendzeitung las, und hob an, über das Thema Liebeskummer zu dozieren.

"He told me all about it," said Brother Anthony, yawning, "I told him my bank account was at his service, and then be began to knock money, said money couldn't help. Said the rules of society couldn't be bucked for a yard by a team of ten-millionaires."

"O, Anthony," sighed Aunt Ellen, "I wish you would not think so much of money. Wealth is nothing where a true affection is concerned. Love is all-powerful. If he only had spoken earlier she could not have refused our Richard. But now I fear it is too late. He will have no opportunity to address her. All your gold cannot bring happiness to your son."

At eight o'clock the next evening Aunt Ellen took a quaint old gold ring from a motheaten case and gave it to Richard.

"Wear it to-night, nephew," she begged. "Your mother gave it to me. Good luck in love she said it brought. She asked me to give it to you when you had found the one you loved."

Young Rockwall took the ring reverently and tried it on his smallest finger. It slipped as far as the second joint and stopped. He took it off and stuffed it into his vest pocket after the manner of man. And then he 'phoned for his cab.

At the station he captured Miss Lantry out of the gabbing mob at eight thirty-two.

16 "We mustn't keep Mamma and the others
17 waiting," said she.

«Er hat mir alles erzählt», sagte ihr Bruder Anthony gähnend. «Ich stellte ihm mein Bankkonto zur Verfügung, da begann er, auf das Geld zu schimpfen und sagte, es könne ihm nichts nützen. Nicht einmal ein Haufen von Multimillionären, meinte er, könne die Regeln der Gesellschaft auch nur einen Fingerbreit verrücken.»

«O, Anthony», seufzte Tante Ellen, «ich wollte, du hieltest nicht so viel vom Geld. Der Reichtum vermag nichts, wo es sich um wahre Liebe handelt. Die Liebe ist allmächtig. Hätte Richard nur früher gesprochen, sie hätte unseren Jungen nicht abweisen können. Aber jetzt, fürchte ich, ist es zu spät. Er wird keine Gelegenheit mehr haben, mit ihr zu sprechen. Dein ganzes Gold kann deinen Sohn nicht glücklich machen.»

Am nächsten Morgen um acht Uhr nahm Tante Ellen einen altmodischen Goldring aus einer mottenzerfressenen Schatulle und gab ihn Richard.

«Trag ihn heute abend, lieber Neffe», bat sie ihn. «Er ist von deiner Mutter. Sie sagte, er bringe Glück in der Liebe, und bat mich, ihn dir zu geben, wenn du die gefunden hättest, die du liebtest.»

Der junge Rockwall nahm den Ring ehrerbietig in Empfang und probierte ihn am kleinen Finger. Der Ring glitt bis zum zweiten Glied und blieb dann stekken. Richard nahm ihn ab und stopfte ihn in seine Westentasche, wie es eben nur ein Mann tun kann. Dann ging er ans Telefon und bestellte seine Droschke.

Am Bahnhof holte er um 8.32 Uhr Miss Lantry aus einer wirr durcheinanderredenden Menschenmenge.

«Wir dürfen Mama und die anderen nicht warten lassen», sagte sie.

"To Wallack's theatre as fast as you can drive!" said Richard loyally.

They whirled up Forty-second to Broadway, and then down the white-starred lane that leads from the soft meadows of sunset to the rocky hills of morning.

At Thirty-fourth Street young Richard quickly thrust up the trap and ordered the cabman to stop.

"I've dropped a ring," he apologized, as he climbed out. "It was my mother's, and I'd hate to lose it. I won't detain you a minute—I saw where it fell."

In less than a minute he was back in the cab with the ring.

But within that minute a crosstown car had stopped directly in front of the cab. The cabman tried to pass to the left, but a heavy express wagon cut him off. He tried the right and had to back away from a furniture van that had no business to be there. He tried to back out, but dropped his reins and swore dutifully. He was blockaded in a tangled mess of vehicles and horses.

One of those street blockades had occurred that sometimes tie up commerce and movement quite suddenly in the big city.

"Why don't you drive on?" said Miss Lan-
18 try, impatiently. "We'll be late."
19 Richard stood up in the cab and looked

«Zum Wallack-Theater, so schnell Sie fahren können!» sagte Richard getreulich.

Wie ein Wirbelwind ging es die Zweiundvierzigste hinauf zum Broadway und dann diese im Lichterglanz strahlende Straße entlang, die von den weichen Wiesen im Westen zu den felsigen Hügeln im Osten führt.

An der Vierunddreißigsten Straße stieß Richard plötzlich das Klappfenster auf und ließ den Kutscher anhalten.

«Ich habe einen Ring herausfallen lassen», sagte er zur Entschuldigung beim Hinausklettern. «Er ist von meiner Mutter, und es wäre mir arg, ihn zu verlieren. Ich werde Sie nicht lange aufhalten – ich habe gesehen, wo er hinfiel.»

In weniger als einer Minute war er mit dem Ring wieder in der Kutsche.

Aber während dieser Minute hatte ein Stadtomnibus unmittelbar vor der Droschke angehalten. Der Kutscher versuchte, links an ihm vorbeizukommen, aber ein schwerer Lieferwagen schnitt ihm den Weg ab. Als er es rechts probierte, mußte er einem Möbelwagen den Vortritt lassen, der dort überhaupt nichts zu suchen hatte. Er bemühte sich, zurückzustoßen, ließ aber dann die Zügel fallen und fluchte zünftig. Er war eingepfercht in einem wirren Durcheinander von Wagen und Pferden.

Es war eine jener Verkehrsstockungen, die manchmal urplötzlich das ganze Leben und Treiben in einer großen Stadt lahmlegen.

«Warum fahren Sie nicht weiter?» fragte Miss Lantry ungeduldig. «Wir werden uns verspäten.»

Richard erhob sich von seinem Sitz und blickte nach

around. He saw a congested flood of wagons, trucks, cabs, vans and streetcars filling the vast space where Broadway, Sixth Avenue and Thirty-fourth Street cross one another as a twenty-six inch maiden fills her twenty-two inch girdle. And still from all the cross-streets they were hurrying and rattling towards the converging point at full speed, and hurling themselves into the straggling mass, locking wheels and adding their drivers' imprecations to the clamor. The entire traffic of Manhattan seemed to have jammed itself around them. The oldest New Yorker among the thousands of spectators that lined the sidewalks hat not witnessed a street blockade of the proportions of this one.

"I'm verry sorry," said Richard, as he resumed his seat, "but it looks as if we are stuck. They won't get this jumble loosened up in an hour, it was my fault. If I hadn't dropped the ring, we–"

"Let me see the ring," said Miss Lantry. "Now that it can't be helped I don't care. I think theatres are stupid, anyway."

At 11 o'clock that night somebody tapped lightly on Anthony Rockwall's door.

"Come in," shouted Anthony, who was in a red dressing-gown, reading a book of piratical adventures.

Somebody was Aunt Ellen looking like a gray-haired angel that had been left on earth by mistake.

allen Seiten. Den weiten Platz, wo der Broadway sich mit der Sixth Avenue und der Vierunddreißigsten Straße kreuzt, füllte eine angestaute Flut von Lieferwagen, Lastwagen, Droschken, Möbelwagen und Straßenbahnen, wie etwa ein Mädchen mit Taillenweite sechsundsechzig ihr Korsett für Taillenweite sechsundfünfzig ausfüllt. Und noch immer rollten und ratterten sie aus allen angrenzenden Straßen mit voller Geschwindigkeit auf den Sammelpunkt zu, preschten hinein in den wirren Haufen, blockierten Räder und verstärkten den allgemeinen Tumult mit den Verwünschungen ihrer Fahrer. Es war, als hätte sich der ganze Verkehr von Manhattan um sie herum festgefressen. Der älteste New Yorker unter den Tausenden von Zuschauern, welche die Straße säumten, hatte noch nie eine Verkehrsstockung von solchen Ausmaßen erlebt.

«Es tut mir wirklich leid», sagte Richard, als er seinen Sitz wieder einnahm, «aber es sieht so aus, als ob wir hier festsitzen. Dieser Wirrwarr wird sich in einer Stunde noch nicht auflösen. Es war meine Schuld. Hätte ich nicht den Ring fallen lassen, so –»

«Lassen Sie mich den Ring sehen», sagte Miss Lantry. «Jetzt, wo sich doch nichts mehr ändern läßt, ist es mir gleich. Ich finde Theaterstücke sowieso immer langweilig.»

In dieser Nacht um elf Uhr klopfte jemand leise an Anthony Rockwalls Tür.

«Herein», schrie Anthony, der in einen roten Schlafmantel gehüllt ein Seeräuberbuch las.

Der Jemand war Tante Ellen. Sie sah aus wie ein grauhaariger Engel, der aus Versehen auf der Erde zurückgeblieben war.

"They're engaged, Anthony," she said softly. "She has promised to marry our Richard. On their way to the theatre there was a street-blockade, and it was two hours before their cab could get out of it."

"And oh, Brother Anthony, don't ever boast of the power of money again. A little emblem of true love—a little ring that symbolized unending and unmercenary affection—was the cause of our Richard finding his happiness. He dropped it in the street, and got out to recover it, and before they could continue the blockade occurred. He spoke to his love and won her there while the cab was hemmed in. Money is dross compared with true love, Anthony."

"All right," said old Anthony, "I'm glad the boy has got what he wanted. I told him I wouldn't spare any expense in the matter if—"

"But, Brother Anthony, what good could your money have done?"

"Sister," said Anthony Rockwall. "I've got my pirate in a devil of a scrape. His ship has just been scuttled, and he's too good a judge of the value of money to let drown. I wish you would let me go on with this chapter."

The story should end here. I wish it would as heartily as you who read it wish it did, but we must go to the bottom of the well. The
22 next day a person with red hands and a blue
23 polka-dot necktie who called himself Kelly

«Sie sind verlobt, Anthony», sagte sie leise. «Sie hat versprochen, unseren Richard zu heiraten. Auf ihrem Weg zum Theater gerieten sie in eine Verkehrsstokkung, so daß ihre Droschke erst zwei Stunden später weiterfahren konnte.

Und hör zu, lieber Bruder, prahle nie wieder mit der Macht deines Geldes! Ein kleines Zeichen echter Liebe – ein kleiner Ring, Symbol ewiger und selbstloser Hingabe – verhalf unserem Richard zu seinem Glück. Er ließ ihn auf die Straße fallen und stieg aus, um ihn wieder zu holen, aber bevor sie weiterfahren konnten, kam es zu der Verkehrsstockung. Er sprach zu seiner Liebsten und gewann ihr Herz, während die Droschke auf allen Seiten eingepfercht war. Verglichen mit wahrer Liebe ist das Geld doch nur gemeines Metall, Anthony.»

«Schon gut», sagte der Alte, «ich bin froh, daß der Junge nun hat, was er wollte. Ich versprach ihm, keine Kosten in der Angelegenheit zu scheuen, wenn –»

«Aber Anthony, was hätte dein Geld denn nützen können?»

«Schwester», sagte Anthony Rockwall. «Mein Pirat steckt gerade in einer verteufelten Klemme. Sein Schiff ist soeben angebohrt worden, und er weiß den Wert des Geldes zu gut zu schätzen, als daß ich ihn jetzt absaufen lassen möchte. Ich wollte, du würdest mich dieses Kapitel weiterlesen lassen.»

Hier sollte die Geschichte eigentlich aufhören. Dies wäre mein Herzenswunsch, wie es wohl auch der meiner Leser ist, doch wir müssen den Dingen auf den Grund gehen. Tags darauf nämlich sprach bei Anthony Rockwall ein Mensch mit roten Händen und einer called at Anthony Rockwall's house and was at once received in the library.

"Well," said Anthony, reaching for his check-book, "it was a good bilin' of soap. Let's see–you had $ 5000 in cash."

"I paid out $ 300 more of my own," said Kelly. "I had to go a little above the estimate. I got the express wagons and cabs mostly for $ 5; but the trucks and two-horse teams mostly raised me to $ 10. The motormen wanted $ 10, and some of the loaded teams $ 20. The cops struck me hardest—$ 50 I paid two, and the rest $ 20 and $ 25. But didn't it work beautiful, Mr. Rockwall? I'm glad William A. Brady wasn't onto that little outdoor vehicle mob scene. I wouldn't want William to break his heart with jealousy. And never a rehearsal either! The boys was on time to the fraction of a second. It was two hours before a snake could get below Greeley's statue."

"Thirteen hundred–there you are, Kelly," said Anthony, tearing off a check. "Your thousand and the $ 300 you were out. You don't despise money, do you, Kelly?"

"Me?" said Kelly. "I can lick the man that invented poverty."

Anthony called Kelly when he was at the door.

"You didn't notice," said he, "anywhere in
24 the tie-up a kind of a fat boy without any
25 clothes on shooting arrows with a bow, did
you?"

blaugetupften Krawatte vor, der sich Kelly nannte, und sogleich im Bibliothekszimmer empfangen wurde.

«Na», sagte Anthony und griff nach seinem Scheckbuch, «da haben wir aber eine gute Seife gekocht. Mal sehen – Sie hatten also fünftausend Dollar in bar.»

«Ich habe noch dreihundert Dollar aus meiner Tasche draufgelegt», sagte Kelly. «Ich mußte den Kostenanschlag ein wenig überschreiten. Die Lieferwagen und Droschken bekam ich meist für fünf Dollar; aber die Lastwagen und Zweispänner waren kaum unter zehn zu haben. Die Chauffeure verlangten zehn Dollar, und ein paar von den Lastzügen sogar zwanzig. Die Polizisten rissen mir das größte Loch in die Tasche – zweien zahlte ich fünfzig, und den anderen zwanzig und fünfundzwanzig Dollar. Aber hat es nicht prima geklappt, Mr. Rockwall? Ich bin froh, daß der William A. Brady vom Film bei dieser hübschen Verkehrsmassenszene nicht zugegen war. Ich wünsche William nicht, daß ihm das Herz vor Neid zerspringt. Und ohne jede Probe! Die Jungs waren auf den Bruchteil der Sekunde pünktlich. Zwei Stunden lang hätte sich keine Schlange zum Greely-Denkmal durchwinden können.»

«Hier haben Sie dreizehnhundert, Kelly», sagte Anthony und riß einen Scheck ab. «Ihre tausend und die dreihundert, die Sie ausgelegt haben. Sie sind doch kein Geldverächter, Kelly, oder?»

«Ich?» sagte Kelly. «Den Kerl, der die Armut erfunden hat, könnte ich verdreschen.»

Als Kelly an der Türe war, rief ihn Anthony zurück.

«Sie haben doch nicht etwa», sagte er, «irgendwo in dem Gedränge einen fetten Nackedei gesehen, der mit Pfeil und Bogen herumschoß?»

"Why, no," said Kelly, mystified. "I didn't. If he was like you say, maybe the cops pinched him before I got there."

"I thought the little rascal wouldn't be on hand," chuckled Anthony, "Good-bye, Kelly."

«Wieso, nein», sagte Kelly verdutzt. «Bestimmt nicht. Wenn er so ausgesehen hat, wie Sie sagen, hat ihn vielleicht die Polizei geschnappt, bevor ich eintraf.»

«Ich hab mir's doch gleich gedacht», lachte Anthony vergnügt, «daß der kleine Schlingel nicht zur Stelle sein würde. Wiedersehen, Kelly.»

A Retrieved Reformation

A guard came to the prison shoe-shop, where Jimmy Valentine was assiduously stitching uppers, and escorted him to the front office. There the warden handed Jimmy his pardon, which had been signed that morning by the governor. Jimmy took it in a tired kind of way. He had served nearly ten months of a four-year sentence. He had expected to stay only about three months, at the longest. When a man with as many friends on the outside as Jimmy Valentine had is received in the "stir" it is hardly worth while to cut his hair.

"Now, Valentine," said the warden, "you'll go out in the morning. Brace up, and make a man of yourself. You're not a bad fellow at heart. Stop cracking safes, and live straight."

"Me?" said Jimmy, in surprise. "Why, I never cracked a safe in my life."

"Oh, no," laughed the warden. "Of course not. Let's see, now. How was it you happened to get sent up on that Springfield job? Was it because you wouldn't prove an alibi for fear of compromising somebody in extremely high-toned society? Or was it simply a case of a mean old jury that had it in for you? It's always one or the other with you innocent victims."

Der Weg zur Besserung

Ein Wärter kam in die Gefängnisschusterei, wo Jimmy Valentine fleißig Oberleder steppte, und begleitete ihn zum Hauptbüro. Dort überreichte der Gefängnisdirektor Jimmy seine Begnadigung, die am Morgen vom Gouverneur unterzeichnet worden war. Jimmy nahm sie mit einer müden Geste entgegen. Er hatte beinahe zehn Monate von den vier Jahren verbüßt, zu denen sie ihn verurteilt hatten. Er hatte damit gerechnet, höchstens drei Monate davon abzusitzen. Wenn ein Mann ins Kittchen kommt, der draußen so viele Freunde hat wie Jimmy Valentine, dann lohnt es sich kaum, ihm die Haare zu schneiden.

«Nun, Valentine», sagte der Direktor, «morgen früh verlassen Sie uns. Reißen Sie sich zusammen und werden Sie ein ordentlicher Mensch. Im Grunde sind Sie kein schlechter Kerl. Hören Sie auf, Geldschränke zu knacken, und leben Sie ehrlich!»

«Ich?» fragte Jimmy erstaunt. «Wieso, ich habe in meinem Leben noch keinen Geldschrank geknackt.»

«O nein», lachte der Direktor. «Natürlich nicht. Denken wir mal nach! Wie kam es, daß man Sie wegen der Geschichte in Springfield eingelocht hat? Etwa deshalb, weil Sie aus Angst, jemand aus den höchsten Kreisen zu kompromittieren, kein Alibi erbringen wollten? Oder war ganz einfach das bitterböse Schwurgericht daran schuld, das auf Sie schlecht zu sprechen war? Es ist doch immer das eine oder das andere bei euch unschuldigen Opfern.»

"Me?" said Jimmy, still blankly virtuous. "Why, warden, I never was in Springfield in my life!"

"Take him back, Cronin," smiled the warden, "and fix him up with outgoing clothes. Unlock him at seven in the morning, and let him come to the bull-pen. Better think over my advice, Valentine."

At a quarter past seven on the next morning Jimmy stood in the warden's outer office. He had on a suit of the villainously fitting, ready-made clothes and a pair of the stiff, squeaky shoes that the state furnishes to its discharged compulsory guests.

The clerk handed him a railroad ticket and the five-dollar bill with which the law expected him to rehabilitate himself into good citizenship and prosperity. The warden gave him a cigar, and shook hands. Valentine, 9762, was chronicled on the books "Pardoned by Governor," and Mr. James Valentine walked out into the sunshine.

Disregarding the song of the birds, the waving green trees, and the smell of the flowers, Jimmy headed straight for a restaurant. There he tasted the first sweet joys of liberty in the shape of a broiled chicken and a bottle of white wine—followed by a cigar a grade better than the one the warden had given him. From there he proceeded leisurely to the
30 depot. He tossed a quarter into the hat of a
31 blind man sitting by the door, and boarded

«Ich?» wiederholte Jimmy, noch immer die Tugend selbst. «Wieso, Herr Direktor, ich bin in meinem ganzen Leben noch nicht in Springfield gewesen!»

«Führen Sie ihn zurück, Cronin», sagte der Direktor lächelnd, «und verpassen Sie ihm einen Entlassungsanzug! Morgen früh um sieben Uhr sperren Sie seine Zelle auf und bringen ihn zur Personalstelle. Und Sie, Valentine, würden sich besser meinen Rat durch den Kopf gehen lassen.»

Am nächsten Morgen um Viertel nach sieben stand Jimmy im Entlassungsbüro. Er trug einen jener verheerend sitzenden Konfektionsanzüge und ein Paar der steifen, quietschenden Schuhe, die der Staat seinen unfreiwilligen Gästen bei ihrer Entlassung mitgibt.

Der Buchhalter überreichte ihm eine Eisenbahnfahrkarte und den Fünfdollarschein, der ihm nach Ansicht des Gesetzes wieder zu Bürgersinn und Wohlstand verhelfen sollte. Der Direktor gab ihm eine Zigarre und schüttelte ihm die Hand. Valentine, Nr. 9762, bekam in den Büchern den Vermerk «Vom Gouverneur begnadigt», und Herr James Valentine trat hinaus in den Sonnenschein.

Ohne die singenden Vögel, die sich sanft wiegenden grünen Bäume und die duftenden Blumen zu beachten, steuerte Jimmy geradewegs auf ein Wirtshaus zu. Dort kostete er die ersten Genüsse der Freiheit in Form eines Brathuhnes und einer Flasche Weißwein, und darauf folgte eine Zigarre, die eine ganze Klasse besser war als jene, die ihm der Gefängnisdirektor spendiert hatte. Von hier aus spazierte er gemütlich zum Bahnhof. Er warf einen Vierteldollar in den Hut eines Blinden, der neben dem Eingang saß, und bestieg sei-his train. Three hours set him down in a little town near the state line. He went to the café of one Mike Dolan and shook hands with Mike, who was alone behind the bar.

"Sorry we couldn't make it sooner, Jimmy, me boy," said Mike. "But we had that protest from Springfield to buck against, and the governor nearly balked. Feeling all right?"

"Fine," said Jimmy. "Got my key?"

He got his key and went upstairs, unlocking the door of a room at the rear. Everything was just as he had left it. There on the floor was still Ben Price's collar-button that had been torn from that eminent detective's shirt-band when they had overpowered Jimmy to arrest him.

Pulling out from the wall a folding-bed, Jimmy slid back a panel in the wall and dragged out a dust-covered suit-case. He opened this and gazed fondly at thc finest set of burglar's tools in the East. It was a complete set, made of specially tempered steel, the latest designs in drills, punches, braces and bits, jimmies, clamps, and augers, with two or three novelties invented by Jimmy himself, in which he took pride. Over nine hundred dollars they had cost him to have made at–, a place where they make such things for the profession.

32 In half an hour Jimmy went downstairs
33 and through the café. He was now dressed in

nen Zug. Nach dreistündiger Fahrt stieg er in einer kleinen Stadt kurz vor der Staatengrenze aus. Er ging in das Café eines gewissen Mike Dolan und schüttelte Mike, der allein hinter der Theke stand, die Hand.

«Wir konnten es leider nicht schneller schaffen, Jimmy, mein Junge», sagte Mike. «Wir mußten uns noch mit einem Einspruch aus Springfield rumschlagen, und der Gouverneur hätte beinahe Zicken gemacht. Geht's dir gut?»

«Prima», sagte Jimmy. «Hast du meinen Schlüssel?»

Er bekam seinen Schlüssel, ging nach oben und schloß die Tür zu einem rückwärtigen Zimmer auf. Alles war genau so wie er es verlassen hatte. Auf dem Boden lag noch immer der Kragenknopf von Ben Price, der jenem berühmten Detektiv vom Hemd gerissen worden war, als sie Jimmy bei seiner Festnahme überwältigten.

Jimmy zog ein Klappbett aus der Wand, schob ein Stück der Wandtäfelung zurück und zerrte einen staubbedeckten Koffer heraus. Er öffnete ihn und betrachtete mit zärtlichen Blicken den schönsten Satz von Einbrecherwerkzeugen, den es im ganzen Osten gab. Es war ein vollständiger Satz aus speziell gehärtetem Stahl, mit den neuesten Modellen von Bohrern, Locheisen, Bohrwinden, Stemmeisen, Zwingen und Holzbohrern, darunter auch zwei oder drei Neuheiten, die Jimmy selbst erfunden hatte und auf die er gehörig stolz war. Über neunhundert Dollar zahlte er dafür bei — nun, eben dort, wo man solche Werkzeuge für einschlägige Berufe herstellt.

Eine halbe Stunde später ging Jimmy hinunter und schritt durch das Café. Er trug jetzt einen geschmacktasteful and well-fitting clothes, and carried his dusted and cleaned suit-case in his hand.

"Got anything on?" asked Mike Dolan, genially.

"Me?" said Jimmy, in a puzzled tone. "I don't understand. I'm representing the New York Amalgamated Short Snap Biscuit Cracker and Frazzled Wheat Company."

This statement delighted Mike to such an extent that Jimmy had to take a seltzer-and-milk on the spot. He never touched "hard" drinks.

A week after the release of Valentine, 9762, there was a neat job of safe-burglary done in Richmond, Indiana, with no clue to the author. A scant eight hundred dollars was all that was secured. Two weeks after that a patented, improved, burglar-proof safe in Logansport was opened like a cheese to the tune of fifteen hundred dollars, currency; securities and silver untouched. That began to interest the rogue-catchers. Then an old-fashioned bank-safe in Jefferson City became active and threw out of its crater an eruption of bank-notes amounting to five thousand dollars. The losses were now high enough to bring the matter up into Ben Price's class of work. By comparing notes, a remarkable similarity in the methods of the burglaries was noticed. Ben Price investigated the scenes of the robberies, and was heard to remark:

"That's Dandy Jim Valentine's autograph. He's resumed business. Look at that combivollen, gutsitzenden Anzug, und in der Hand hielt er seinen von Staub und Schmutz gereinigten Koffer.

«Hast du was vor?» fragte Mike Dolan wohlwollend.

«Ich?», sagte Jimmy unangenehm berührt. «Ich verstehe nicht. Ich bin Vertreter für die New Yorker Vereinigten Krachknusperkeks- und Weizenflocken-Werke.»

Dieser Ausspruch ergötzte Mike dermaßen, daß er Jimmy auf der Stelle einen Milchcocktail spendierte. Jimmy trank nie scharfe Sachen.

Eine Woche nach der Entlassung von Valentine, Nr. 9762, wurde ein geschickter Safeeinbruch in Richmond, Indiana, verübt. Vom Täter keine Spur. Freilich wurden nur knapp achthundert Dollar erbeutet. Vierzehn Tage darauf wurde in Logansport ein mehrfach verbessertes, einbruchsicheres Patentsafe wie ein Käse aufgeschnitten, wobei dem Täter bare fünfzehnhundert Dollar in die Hände fielen; Wertpapiere und Silber blieben unberührt. Das begann die Spitzbubenfänger zu interessieren. Dann wurde ein altmodisches Banksafe in Jefferson City tätig und spuckte bei seinem Ausbruch Banknoten in Höhe von fünftausend Dollar aus seinem Krater. Die Einbußen waren nunmehr so hoch geworden, daß die Angelegenheit in den Zuständigkeitsbereich von Ben Price rückte. Bei einem Vergleich der Ermittlungsergebnisse stellte man eine bemerkenswerte Ähnlichkeit der Einbruchsmethoden fest. Ben Price untersuchte die Tatorte und bemerkte dabei:

«Das ist die Handschrift des feinen Herrn Jim Valentine. Er hat seine Tätigkeit wieder aufgenommen.

nation knob—jerked out as easy as pulling up a radish in wet weather. He's got the only clamps that can do it.

And look how clean those tumblers were punched out! Jimmy never has to drill but one hole. Yes, I guess I want Mr. Valentine. He'll do his bit next time without any short-time or clemency foolishness."

Ben Price knew Jimmy's habits. He had learned them while working up the Springfield case. Long jumps, quick get-aways, no confederates, and a taste for good society—these ways had helped Mr. Valentine to become noted as a successful dodger of retribution. It was given out that Ben Price had taken up the trail of the elusive cracksman, and other people with burglar-proof safes felt more at ease.

One afternoon Jimmy Valentine and his suit-case climbed out of the mail-hack in Elmore, a little town five miles off the railroad down in the black-jack country of Arkansas. Jimmy, looking like an athletic young senior just home from college, went down the board sidewalk toward the hotel.

A young lady crossed the street, passed him at the corner and entered a door over which was the sign "The Elmore Bank." Jimmy Valentine looked into her eyes, forgot what he was, and became another man. She lowered her eyes and colored slightly. Young men of Jimmy's style and looks were scarce in Elmore.

Schauen Sie mal dieses Kombinationsschloß an – einfach herausgerissen wie ein Rettich bei nassem Wetter. Er allein hat die Zwingen dazu. Und sehen Sie, wie sauber diese Verriegelungen herausgemeißelt wurden! Jimmy braucht nie mehr als ein Loch zu bohren. Ja, ich schätze, ich muß Mr. Valentine besuchen. Das nächste Mal brummt er ohne diesen Strafnachlaß- und Begnadigungsunfug.»

Ben Price kannte Jims Gewohnheiten. Er hatte sie kennengelernt, während er den Springfield-Fall bearbeitet hatte. Weite Ortswechsel nach rascher Flucht, Verzicht auf Komplizen und eine Vorliebe für bessere Gesellschaft – all dies hatte Mr. Valentine zu dem Ruhm verholfen, jederzeit dem Gesetz ein Schnippchen schlagen zu können. Es wurde verlautbart, daß Ben Price die Spur des flüchtigen Einbrechers aufgenommen hatte, und andere Leute mit einbruchsicheren Safes atmeten auf.

An einem Nachmittag kletterten Jimmy Valentine und sein Koffer aus dem Postomnibus in Elmore, einer kleinen Stadt, die fünf Meilen von der nächsten Bahnstation entfernt drunten im Bergbaugebiet von Arkansas liegt. Jimmy, der wie ein athletischer, eben vom College heimkommender Examenskandidat aussah, ging den breiten Bürgersteig entlang auf das Hotel zu.

Eine junge Dame überquerte die Straße, begegnete ihm an der Ecke und ging durch eine Tür, über der «The Elmore Bank» zu lesen war. Jimmy Valentine sah in ihre Augen, vergaß, was er war, und wurde ein neuer Mensch. Sie schlug die Augen nieder und errötete leicht. Junge Männer, die so fesch aussahen wie Jimmy, hatten in Elmore Seltenheitswert.

Jimmy collared a boy that was loafing on the steps of the bank as if he were one of the stock-holders, and began to ask him questions about the town, feeding him dimes at intervals. By and by the young lady came out, looking royally unconscious of the young man with the suit-case, and went her way.

"Isn't that young lady Miss Polly Simpson?" asked Jimmy, with specious guile.

"Naw," said the boy. "She's Annabel Adams. Her pa owns this bank. What'd you come to Elmore for? Is that a gold watch-chain? I'm going to get a bulldog. Got any more dimes?"

Jimmy went to the Planters' Hotel, registered as Ralph D. Spencer, and engaged a room. He leaned on the desk and declared his platform to the clerk. He said he had come to Elmore to look for a location to go into business. How was the shoe business, now, in the town? He had thought of the shoe business. Was there an opening?

The clerk was impressed by the clothes and manner of Jimmy. He, himself, was something of a pattern of fashion to the thinly gilded youth of Elmore, but he now perceived his shortcomings. While trying to figure out Jimmy's manner of tying his four-in-hand he cordially gave information.

Yes, there ought to be a good opening in the shoe line. There wasn't an exclusive shoe-store in the place. The drygoods and general

Jimmy packte einen Jungen beim Kragen, der auf den Stufen der Bank herumlungerte, als wäre er einer der Aktionäre, und begann ihn über die Stadt auszufragen, wobei er ihm hin und wieder einen Groschen zusteckte. Bald kam die junge Dame wieder heraus und ging ihres Weges, ohne in ihrer Unnahbarkeit von dem jungen Mann mit dem Koffer Notiz zu nehmen.

«Ist diese junge Dame nicht Miss Polly Simpson?» fragte Jimmy mit harmlos anmutender Gerissenheit.

«Nee», sagte der Junge, «das ist Annabel Adams. Ihrem Papa gehört diese Bank. Warum sind Sie nach Elmore gekommen? Ist Ihre Uhrkette aus Gold? Ich will mir eine Bulldogge kaufen. Haben Sie noch ein paar Groschen übrig?»

Jimmy ging in das Planters' Hotel, trug sich als Ralph D. Spencer ein und nahm ein Zimmer. Er lehnte sich über den Empfangstisch und erklärte dem Portier sein Programm. Er sagte, er sei nach Elmore gekommen, um sich nach einer guten Geschäftslage für einen Laden umzuschauen. Wie ging zur Zeit das Schuhgeschäft in der Stadt? Er hatte an ein Schuhgeschäft gedacht. War da wohl etwas zu machen?

Der Portier war von Jimmys Anzug und Auftreten beeindruckt. Er selbst war für die dünn gesäte Jeunesse dorée von Elmore eine Art Vorbild der Eleganz, aber jetzt entdeckte er seine eigenen Unzulänglichkeiten. Während er herauszubringen versuchte, wie Jimmy wohl seine Fliege gebunden hatte, gab er zuvorkommend die gewünschten Auskünfte.

Ja, in der Schuhbranche müßten die Aussichten gut sein. Es gab kein einziges Schuhspezialgeschäft am Platze. Schuhe wurden von den Kurzwarenhändlern stores handled them. Business in all lines was fairly good. Hoped Mr. Spencer would decide to locate in Elmore. He would find it a pleasant town to live in, and the people very sociable.

Mr. Spencer thought he would stop over in the town a few days and look over the situation. No, the clerk needn't call the boy. He would carry up his suit-case himself; it was rather heavy.

Mr. Ralph Spencer, the phoenix that arose from Jimmy Valentine's ashes—ashes left by the flame of a sudden and alterative attack of love—remained in Elmore, and prospered. He opened a shoe-store and secured a good run of trade.

Socially he was also a success, and made many friends. And he accomplished the wish of his heart. He met Miss Annabel Adams, and became more and more captivated by her charms.

At the end of a year the situation of Mr. Ralph Spencer was this: he had won the respect of the community, his shoe-store was flourishing, and he and Annabel were engaged to be married in two weeks. Mr. Adams, the typical, plodding, country banker, approved of Spencer. Annabel's pride in him almost equalled her affection. He was as much at home in the family of Mr. Adams and that
40 of Annabel's married sister as if he were al-
41 ready a member.

und Krämern geführt. Die Geschäfte gingen auf allen Gebieten recht ordentlich. Hoffentlich könne sich Mr. Spencer entschließen, in Elmore zu bleiben. Er würde dann selbst sehen, wie gut es sich hier leben lasse und wie gemütlich die Leute seien.

Mr. Spencer gedachte, ein paar Tage in der Stadt zu bleiben, um die Lage zu erkunden. Nein, der Portier brauche nicht den Boy zu rufen. Er wolle seinen Koffer selber hinauftragen; der sei nämlich ordentlich schwer.

Mr. Ralph Spencer, der Phönix, der aus der Asche Jimmy Valentines emporgestiegen war – aus einer Asche, welche die Flamme einer plötzlichen, läuternden Liebe zurückgelassen hatte –, blieb in Elmore und hatte Erfolg. Er eröffnete einen Schuhladen und machte gute Geschäfte.

Auch gesellschaftlich war er ein Erfolg, und er schloß viele Freundschaften. Dazu erfüllte sich die Sehnsucht seines Herzens. Er lernte Miss Annabel Adams kennen und ließ sich mehr und mehr von ihren Reizen fesseln.

Ein Jahr später befand sich Mr. Ralph Spencer in folgender Situation: er hatte sich Ansehen unter seinen Mitbürgern erworben, sein Schuhgeschäft florierte, Annabel und er waren verlobt und sollten in zwei Wochen heiraten.

Mr. Adams, der Typ des schwer arbeitenden Kleinstadtbankiers, war mit Spencer einverstanden. Annabels Stolz auf ihn war fast ebenso groß wie ihre Liebe. Er war bei den Adams und in der Familie von Annabels verheirateter Schwester so zu Hause, als gehöre er schon zu ihnen.

One day Jimmy sat down in his room and wrote this letter, which he mailed to the safe address of one of his old friends in St. Louis:

Dear Old Pal:

I want you to be at Sullivan's place, in Little Rock, next Wednesday night at nine o'clock. I want you to wind up some little matters for me. And, also, I want to make you a present of my kit of tools. I know you'll be glad to get them—you couldn't duplicate the lot for a thousand dollars. Say, Billy, I've quit the old business—a year ago. I've got a nice store. I'm making an honest living, and I'm going to marry the finest girl on earth two weeks from now. It's the only life, Billy—the straight one. I wouldn't touch a dollar of another man's money now for a million. After I get married I'm going to sell out and go West, where there won't be so much danger of having old scores brought up against me. I tell you, Billy, she's an angel. She believes in me; and I wouldn't do another crooked thing for the whole world. Be sure to be at Sully's, for I must see you. I'll bring along the tools with me.

Your old friend,
Jimmy.

On the Monday night after Jimmy wrote this letter, Ben Price jogged unobtrusively into Elmore in a livery buggy. He lounged

Eines Tages setzte sich Jimmy in sein Zimmer und schrieb folgenden Brief, den er an die Deckadresse von einem seiner alten Freunde in St. Louis schickte:

Lieber alter Freund!

Ich möchte Dich gern am nächsten Mittwoch abends um neun Uhr im Gasthaus von Sullivan in Little Rock treffen. Ich möchte Dich bitten, ein paar kleine Angelegenheiten für mich zu erledigen. Außerdem möchte ich Dir meinen Werkzeugkasten schenken. Ich weiß, daß Du Dich darüber freuen wirst – so einen Satz macht dir für tausend Dollar keiner nach. Hör zu, Billy, ich habe das alte Geschäft an den Nagel gehängt – schon vor einem Jahr. Ich habe einen hübschen Laden. Ich ernähre mich auf ehrliche Weise, und heute in vierzehn Tagen heirate ich das beste Mädchen der Welt. Das ist das einzig richtige, Billy – ein ehrliches Leben. Nicht für eine Million würde ich jetzt einem anderen auch nur einen Dollar wegnehmen. Nach meiner Heirat will ich hier alles verkaufen und in den Westen gehen, wo weniger Gefahr besteht, daß man mir alte Rechnungen präsentiert. Ich sage Dir, Billy, sie ist ein Engel. Sie glaubt an mich, und für nichts auf der ganzen Welt würde ich wieder ein krummes Ding drehen. Vergiß nicht, zu Sully zu kommen, denn ich muß Dich sprechen. Ich bringe die Werkzeuge mit.

Dein alter Freund

Jimmy.

An diesem Montagabend, nachdem Jimmy seinen Brief geschrieben hatte, trudelte Ben Price unauffällig mit einer gemieteten Pferdekutsche in Elmar ein.

about town in his quiet way until he found out what he wanted to know. From the drugstore across the street from Spencer's shoestore he got a good look at Ralph D. Spencer.

"Going to marry the banker's daughter are you, Jimmy?" said Ben to himself, softly. "Well, I don't know!"

The next morning Jimmy took breakfast at the Adamses. He was going to Little Rock that day to order his wedding-suit and buy something nice for Annabel. That would be the first time he had left town since he came to Elmore. It had been more than a year now since those last professional "jobs," and he thought he could safely venture out.

After breakfast quite a family party went down town together—Mr. Adams, Annabel, Jimmy, and Annabel's married sister with her two little girls, aged five and nine. They came by the hotel where Jimmy still boarded, and he ran up to his room and brought along his suit-case. Then they went on to the bank. There stood Jimmy's horse and buggy and Dolph Gibson, who was going to drive him over to the railroad station.

All went inside the high, carved oak railings into the banking-room—Jimmy included, for Mr. Adams's future son-in-law was welcome anywhere. The clerks were pleased to
44 be greeted by the good-looking, agreeable
45 young man who was going to marry Miss

Er schlenderte in seiner ruhigen Art in der Stadt umher, bis er herausgefunden hatte, was er wissen wollte. Von einem Drugstore, der gegenüber von Spencers Schuhladen auf der anderen Straßenseite lag, konnte er Ralph D. Spencer genau in Augenschein nehmen.

«Du willst also die Tochter des Bankiers heiraten, Jimmy?» murmelte Ben leise vor sich hin. «Na, ich weiß nicht recht!»

Am folgenden Morgen frühstückte Jimmy bei Adams. Er wollte an diesem Tag nach Little Rock fahren, um seinen Hochzeitsanzug zu bestellen und etwas Hübsches für Annabel zu kaufen. Seit seiner Ankunft in Elmore würde er damit zum ersten Mal die Stadt verlassen. Es war jetzt schon über ein Jahr her, seit er seinen «Beruf» zum letzen Mal ausgeübt hatte, und so glaubte er, sich gefahrlos hinauswagen zu können.

Nach dem Frühstück fuhr eine ganze Familienversammlung gemeinsam in die Stadt – Mr. Adams, Annabel, Jimmy und Annabels verheiratete Schwester mit ihren beiden Töchterchen im Alter von fünf und neun Jahren. Sie kamen an dem Hotel vorbei, in dem Jimmy noch immer wohnte, und er rannte in sein Zimmer hinauf, um seinen Koffer zu holen. Dann gingen sie alle weiter zur Bank. Dort stand schon Jimmys Pferdewagen und Dolph Gibson, der ihn zum Bahnhof fahren sollte.

Sie gingen alle zwischen den hohen geschnitzten Eichengittern hindurch in den inneren Bankraum – auch Jimmy, denn Mr. Adams zukünftiger Schwiegersohn war überall willkommen. Die Bankbeamten freuten sich über den Gruß des gutaussehenden, netten jungen Mannes, der Miss Annabel heiraten würde.

Annabel. Jimmy set his suit-case down. Annabel, whose heart was bubbling with happiness and lively youth, put on Jimmy's hat and picked up the suit-case. "Wouldn't I make a nice drummer?" said Annabel. "My! Ralph, how heavy it is. Feels like it was full of gold bricks."

"Lot of nickel-plated shoe-horns in there," said Jimmy, coolly, "that I'm going to return. Thought I'd save express charges by taking them up. I'm getting awfully economical."

The Elmore Bank had just put in a new safe and vault. Mr. Adams was very proud of it, and insisted on an inspection by every one. The vault was a small one, but it had a new patented door. It fastened with three solid steel bolts thrown simultaneously with a single handle, and had a time-lock. Mr. Adams beamingly explained its workings to Mr. Spencer, who showed a courteous but not too intelligent interest. The two children, May and Agatha, were delighted by the shining metal and funny clock and knobs.

While they were thus engaged Ben Price sauntered in and leaned on his elbow, looking casually inside between the railings. He told the teller that he didn't want anything; he was just waiting for a man he knew.

46 Suddenly there was a scream or two from
47 the women, and a commotion. Unperceived

Jimmy setzte seinen Koffer ab. Annabel, deren Herz vor Glück und jugendlicher Ausgelassenheit überschäumte, setzte Jimmys Hut auf und hob den Koffer hoch. «Wäre ich nicht ein flotter Vertreter?» sagte sie. «Um Himmels Willen, Ralph, wie schwer er ist. Man möchte meinen, er wäre voller Goldbarren.»

«Eine ganze Menge vernickelter Schuhlöffel ist drin», sagte Jimmy kaltblütig. «Die will ich nämlich wieder zurückgeben. Und ich dachte, ich spare mir das Porto, wenn ich sie persönlich hinbringe. Ich bin dabei, unheimlich sparsam zu werden.»

Die Elmore-Bank hatte sich eben erst ein neues Safe und eine neue Stahlkammer einbauen lassen. Mr. Adams war sehr stolz und bestand darauf, jedem alles zu zeigen. Die Stahlkammer war klein, hatte aber eine neue Patenttür. Diese Tür wurde durch drei massive Stahlbolzen, die alle zugleich mit einem einzigen Handgriff zu bewegen waren, verschlossen und besaß ein Uhrwerkschloß. Mr. Adams strahlte, als er ihren Mechanismus Mr. Spencer erklärte, der ein höfliches, aber nicht allzu sachkundiges Interesse zeigte. Die beiden Kinder, May und Agatha, hatten ihren Spaß an dem blinkenden Metall, dem komischen Uhrwerk und den Knöpfen.

Während so alles mit der Stahlkammer beschäftigt war, kam Ben Price hereinspaziert, stützte sich auf seinen Ellbogen auf und schaute wie zufällig zwischen die Gitterstäbe hindurch in das Bankinnere. Er sagte zu dem Kassenbeamten, daß er nichts wolle; er warte nur auf einen Bekannten.

Auf einmal schrien die Frauen erregt auf. Unbemerkt von den Erwachsenen hatte May, die Neun-by the elders, May, the nine-year-old girl, in a spirit of play, had shut Agatha in the vault. She had then shot the bolts and turned the knob of the combination as she had seen Mr. Adams do.

The old banker sprang to the handle and tugged at it for a moment. "The door can't be opened," he groaned. "The clock hasn't been wound nor the combination set."

Agatha's mother screamed again, hysterically.

"Hush!" said Mr. Adams, raising his trembling hand. "All be quiet for a moment. Agatha!" he called as loudly as he could. "Listen to me." During the following silence they could just hear the faint sound of the child wildly shrieking in the dark vault in a panic of terror.

"My precious darling!" wailed the mother. "She will die of fright! Open the door! Oh, break it open! Can't you men do something?"

"There isn't a man nearer than Little Rock who can open that door," said Mr. Adams, in a shaky voice. "My God! Spencer, what shall we do? That child–she can't stand it long in there. There isn't enough air, and, besides, she'll go into convulsions from fright."

Agatha's mother, frantic now, beat the door of the vault with her hands.

Somebody wildly
48 suggested dynamite. Annabel turned to Jim-
49 my, her large eyes full of anguish, but not yet

jährige, aus spielerischem Übermut Agatha in die Stahlkammer eingeschlossen. Dann hatte sie die Bolzen vorgeschoben und den Knopf des Kombinationsschlosses gedreht, wie sie es bei Mr. Adams gesehen hatte.

Der alte Bankier sprang hinzu und rüttelte einen Augenblick am Griff. «Die Tür läßt sich nicht öffnen», stöhnte er. «Das Uhrwerk ist nicht aufgezogen und die Kombination nicht eingestellt.»

Agathas Mutter begann von neuem hysterisch zu schreien.

«Still!» sagte Mr. Adams und hob seine zitternde Hand. «Seid mal alle einen Moment ruhig. Agatha!» rief er so laut er konnte. «Hör mir zu!» In der folgenden Stille hörte man nur schwach das wilde Schreien des Kindes, das die dunkle Kammer in einen panischen Schrecken versetzt hatte.

«Mein geliebtes Kind!» jammerte die Mutter. «Sie wird vor Angst sterben! Macht die Tür auf! Brecht sie doch auf! Könnt ihr Männer denn nicht irgend etwas tun?»

«Außer in Little Rock gibt es hier niemand, der diese Tür öffnen könnte», sagte Mr. Adams mit zittriger Stimme. «Mein Gott! Spencer, was sollen wir tun? Das Kind – sie kann es nicht lange da drin aushalten. Sie bekommt nicht genug Luft, und außerdem verfällt sie ja in Angstkrämpfe!»

Agathas Mutter schlug jetzt in wilder Verzweiflung mit den Händen gegen die Tür der Stahlkammer. Irgend jemand machte den verrückten Vorschlag, es mit Dynamit zu versuchen. Annabel wandte sich Jimmy zu; in ihren großen Augen stand die Angst, aber despairing. To a woman nothing seems quite impossible to the powers of the man she worships.

"Can't you do something, Ralph—*try*, won't you?"

He looked at her with a queer, soft smile on his lips and in his keen eyes.

"Annabel," he said, "give me that rose you are wearing, will you?"

Hardly believing that she heard him aright, she unpinned the bud from the bosom of her dress, and placed it in his hand. Jimmy stuffed it into his vestpocket, threw off his coat and pulled up his shirtsleeves. With that act Ralph D. Spencer passed away and Jimmy Valentine took his place.

"Get away from the door, all of you," he commanded, shortly.

He set his suit-case on the table, and opened it out flat. From that time on he seemed to be unconscious of the presence of any one else. He laid out the shining, queer instruments swiftly and orderly, whistling softly to himself as he always did when at work. In a deep silence and immovable, the others watched him as if under a spell.

In a minute Jimmy's pet drill was biting smoothly into the steel door. In ten minutes—breaking his own burglarious record—he threw back the bolts and opened the door.

50 Agatha, almost collapsed, but safe, was ga-
51 thered into her mother's arms.

noch nicht die Verzweiflung. Eine Frau hat ja ein fast grenzenloses Vertrauen zu den Fähigkeiten des Mannes, den sie liebt.

«Kannst du nicht etwas tun, Ralph – wenigstens versuchen?»

Er sah sie an mit einem sonderbaren, zärtlichen Lächeln auf seinen Lippen und in seinen hellen Augen.

«Annabel», sagte er, «willst du mir bitte die Rose geben, die du angesteckt hast?»

Sie konnte kaum glauben, daß sie ihn richtig verstanden hatte, aber sie löste die Knospe von ihrem Kleid und gab sie ihm in die Hand. Jimmy steckte sie in seine Westentasche, zog seine Jacke aus und krempelte die Hemdärmel hoch. Bei dieser Geste verschwand Ralph D. Spencer und machte Jimmy Valentine Platz.

«Tretet ihr alle da von der Tür zurück», befahl er kurz.

Er stellte seinen Koffer auf den Tisch und klappte ihn weit auf. Von nun an schien er die Anwesenheit der anderen nicht mehr zu bemerken.

Er legte sich die blinkenden, merkwürdigen Werkzeuge flink und ordentlich zurecht und pfiff leise vor sich hin, wie er es immer bei der Arbeit tat. Wie gebannt beobachteten ihn die anderen, schweigend und unbeweglich.

Sekunden später fraß sich Jimmys Lieblingsbohrer weich in die Stahltüre. Nach zehn Minuten – damit brach er seinen eigenen Einbrecherrekord – schob er die Bolzen zurück und öffnete die Tür.

Agatha, fast ohnmächtig, aber unversehrt, wurde von ihrer Mutter in die Arme geschlossen.

Jimmy Valentine put on his coat, and walked outside the railings toward the front door. As he went he thought he heard a far-away voice that he once knew call "Ralph!" But he never hesitated.

At the door a big man stood somewhat in his way.

"Hello, Ben!" said Jimmy, still with his strange smile. "Got around at last, have you? Well, let's go. I don't know that it makes much difference, now."

And then Ben Price acted rather strangely.

"Guess you're mistaken, Mr. Spencer," he said. "Don't believe I recognize you. Your buggy's waiting for you, ain't it?"

And Ben Price turned and strolled down the street.

Jimmy Valentine zog seine Jacke an und ging zwischen den Gittern hindurch zur Eingangstür. Während er ging, war ihm, als höre er in weiter Ferne eine ihm einst bekannte Stimme «Ralph!» rufen. Aber er zögerte keinen Augenblick.

An der Türe vertrat ihm ein großer Mann beinahe den Weg.

«Hallo, Ben!» sagte Jimmy, immer noch mit seinem sonderbaren Lächeln. «Haben Sie mich endlich erwischt? Na schön, gehen wir. Das macht mir jetzt auch nichts mehr aus.»

Und dann tat Ben Price etwas sehr Merkwürdiges.

«Ich denke, Sie irren sich, Mr. Spencer», sagte er, «ich glaube nicht, daß ich Sie kenne. Ihr Wagen wartet doch auf Sie, nicht wahr?»

Und Ben Price machte kehrt und schlenderte die Straße hinunter.

After Twenty Years

The policeman on the beat moved up the avenue impressively. The impressiveness was habitual and not for show, for spectators were few. The time was barely ten o'clock at night, but chilly gusts of wind with a taste of rain in them had well nigh depeopled the streets.

Trying doors as he went, twirling his club with many intricate and artful movements, turning now and then to cast his watchful eye adown the pacific thoroughfare, the officer, with his stalwart form and slight swagger, made a fine picture of a guardian of the peace.

The vicinity was one that kept early hours. Now and then you might see the lights of a cigar store or of an all-night lunch counter; but the majority of the doors belonged to business places that had long since been closed.

When about midway of a certain block the policeman suddenly slowed his walk. In the doorway of a darkened hardware store a man leaned, with an unlighted cigar in his mouth. As the policeman walked up to him the man spoke up quickly.

"It's all right, officer," he said, reassuringly. "I'm just waiting for a friend. It's an ap-

Nach zwanzig Jahren

Der Schutzmann vom Streifendienst ging in eindrucksvoller Haltung die Straße entlang. Diese Haltung entsprach seiner ganzen Art und war nicht etwa Effekthascherei, denn es hätte ohnehin nur wenige Zuschauer gegeben. Es war noch nicht ganz zehn Uhr abends, aber die kalten Windstöße, die nach Regen schmeckten, hatten die Straßen schon fast entvölkert.

Wie er so im Vorübergehen prüfte, ob die Türen abgesperrt waren, wie er seinen Gummiknüppel in vielen verschlungenen und kunstvollen Figuren herumwirbelte und sich von Zeit zu Zeit umdrehte, um einen wachsamen Blick die friedliche Straße entlangzuwerfen, erschien der Polizist mit seiner kräftigen Figur und seinem selbstbewußten Gang fast wie das Symbol eines Hüters von Ruhe und Ordnung. In diesem Viertel gingen die Leute frühzeitig nach Hause. Hin und wieder konnte man das Licht eines Zigarrenladens oder einer die Nacht über geöffneten Imbißstube sehen; aber die meisten Türen gehörten zu Geschäften, die schon längst geschlossen hatten.

Als er etwa in der Mitte eines bestimmten Häuserblockes angelangt war, ging der Polizist plötzlich langsamer. Im Türeingang einer unbeleuchteten Eisenwarenhandlung lehnte ein Mann mit einer kalten Zigarre im Mund. Als der Polizist auf ihn zutrat, fing der Mann schnell zu reden an.

«Alles in bester Ordnung, Herr Wachtmeister», sagte er beschwichtigend. «Ich warte nur auf einen Freund.

pointment made twenty years ago. Sounds a little funny to you, doesn't it? Well, I'll explain if you'd like to make certain it's all straight. About that long ago there used to be a restaurant where this store stands–'Big Joe' Brady's restaurant."

"Until five years ago," said the policeman. "It was torn down then."

The man in the doorway struck a match and lit his cigar. The light showed a pale, square-jawed face with keen eyes, and a little white scar near his right eyebrow. His scarfpin was a large diamond, oddly set.

"Twenty years ago to-night," said the man, "I dined here at 'Big Joe' Brady's with Jimmy Wells, my best chum, and the finest chap in the world. He and I were raised here in New York, just like two brothers, together. I was eighteen and Jimmy was twenty. The next morning I was to start for the West to make my fortune. You couldn't have dragged Jimmy out of New York; he thought it was the only place on earth. Well, we agreed that night that we would meet here again exactly twenty years from that date and time, no matter what our conditions might be or from what distance we might have to come. We figured that in twenty years each of us ought to have our destiny worked out and our fortunes made, whatever they were going to be."

"It sounds pretty interesting," said the po-

Wir haben uns vor zwanzig Jahren verabredet. Klingt etwas komisch, nicht wahr? Na, schön, ich will es Ihnen erklären, dann können Sie sich überzeugen, daß alles mit rechten Dingen zugeht. Vor ungefähr ebenso langer Zeit war hier, wo der Laden jetzt steht, ein Restaurant – ‹Big Joe Bradys Restaurant›.»

«Bis vor fünf Jahren», sagte der Polizist. «Dann wurde es abgerissen.»

Der Mann an der Tür entzündete ein Streichholz und steckte sich eine Zigarre an. Das Licht fiel auf ein blasses Gesicht mit eckigen Kinnbacken, stechenden Augen und einer kleinen weißen Narbe über der rechten Augenbraue. Die Krawattennadel war ein großer, seltsam gefaßter Diamant.

«Heute abend vor zwanzig Jahren», erzählte der Mann, «aß ich hier bei ‹Big Joe Brady› mit Jimmy Wells, meinem besten Freund und dem prächtigsten Kerl auf der Welt, zu Abend. Wir beide sind hier in New York wie Brüder zusammen aufgewachsen. Ich war achtzehn und Jimmy war zwanzig. Am nächsten Morgen wollte ich nach dem Westen, um mein Glück zu machen. Jimmy hätten keine zehn Pferde aus New York hinausgebracht; für ihn war es die einzige Stadt auf der ganzen Welt. Nun, an diesem Abend machten wir aus, daß wir uns genau nach zwanzig Jahren am gleichen Tag und zur gleichen Stunde hier wieder treffen wollten, ganz gleich, in welchen Verhältnissen wir bis dahin leben würden oder von wie weit her wir kommen müßten. Unser Gedanke war, daß in zwanzig Jahren jeder von uns auf die oder jene Art seinen Weg gefunden und sein Glück gemacht haben würde.»

«Das klingt alles recht interessant», sagte der Poliliceman. "Rather a long time between meets, though, it seems to me. Haven't you heard from your friend since you left?"

"Well, yes, for a time we corresponded," said the other. "But after a year or two we lost track of each other. You see, the West is a pretty big proposition, and I kept hustling around over it pretty lively.

But I know Jimmy will meet me here, if he's alive, for he always was the truest, staunchest old chap in the world. He'll never forget. I came a thousand miles to stand in this door to-night, and it's worth it if my old partner turns up."

The waiting man pulled out a handsome watch, the lids of it set with small diamonds.

"Three minutes to ten," he announced. "It was exactly ten o'clock when we parted here at the restaurant door."

"Did pretty well out West, didn't you?" asked the policeman.

"You bet! I hope Jimmy has done half as well. He was a kind of plodder, though, good fellow as he was. I've had to compete with some of the sharpest wits going to get my pile. A man gets in a groove in New York. It takes the West to put a razor-edge on him."

The policeman twirled his club and took a step or two.

"I'll be on my way. Hope your friend comes around all-right. Going to call time on him sharp?"

zist, «obwohl mir scheint, daß der Zeitraum zwischen Ihren Treffen ziemlich lang ist. Haben Sie seit Ihrer Abreise nichts mehr von Ihrem Freund gehört?»

«Nun, freilich, eine Zeitlang haben wir uns geschrieben», sagte der andere, «aber nach einem oder zwei Jahren verloren wir die Spur voneinander. Wissen Sie, der Westen ist eine ziemlich große Sache, und ich bin die ganze Zeit über hübsch weit darin herumgekommen. Aber ich weiß, daß Jimmy, wenn er lebt, mich hier treffen wird, denn er war immer der treueste, zuverlässigste Junge der Welt. Er vergißt es bestimmt nicht. Ich bin tausend Meilen gereist, um heute abend unter dieser Tür zu stehen, aber es hat sich gelohnt, wenn mein alter Freund auftaucht.»

Der wartende Mann zog eine schöne Uhr hervor, deren Deckel mit kleinen Diamanten besetzt war.

«Drei Minuten vor zehn», sagte er beinahe feierlich. «Es war Punkt zehn Uhr, als wir uns hier an der Tür des Restaurants trennten.»

«Sie haben es im Westen ganz schön weit gebracht, nicht wahr?» fragte der Polizist.

«Gewiß! Ich hoffe, Jimmy hat es nur halb so weit gebracht. Er war allerdings immer nur ein simpler Arbeiter, so sehr er sonst in Ordnung war. Ich mußte es oft mit den raffiniertesten Brüdern aufnehmen, um zu meinem Zaster zu kommen. In New York wird man leicht stur. Der Westen schärft einem Verstand und Sinne.»

Der Schutzmann wirbelte seinen Gummiknüppel und machte ein paar Schritte.

«Ich muß jetzt weiter. Ich hoffe, ihr Freund kommt auch wirklich. Werden Sie es mit der Uhrzeit sehr genau nehmen?»

"I should say not!" said the other. "I'll give him half an hour at least. If Jimmy is alive on earth he'll be here by that time. So long, officer."

"Good night, sir," said the policeman, passing on along his beat, trying doors as he went.

There was now a fine, cold drizzle falling, and the wind had risen from its uncertain puffs into a steady blow. The few foot passengers astir in that quarter hurried dismally and silently along with coat collars turned high and pocketed hands. And in the door of the hardware store the man who had come a thousand miles to fill an appointment, uncertain almost to absurdity, with the friend of his youth, smoked his cigar and waited.

About twenty minutes he waited, and then a tall man in a long overcoat, with collar turned up to his ears, hurried across from the opposite side of the street. He went directly to the waiting man.

"Is that you, Bob?" he asked doubtfully.

"Is that you, Jimmy Wells?" cried the man in the door.

"Bless my heart!" exclaimed the new arrival, grasping both the other's hands with his own. "It's Bob, sure as fate. I was certain, I did find you here if you were still in existence. Well, well, well!–twenty years is a long time. The old restaurant's gone, Bob; I wish
60 it had lasted, so we could have had another
61 dinner there. How has the West treated you, old man?"

«Wohl kaum!» sagte der andere. «Ich gebe ihm mindestens eine halbe Stunde. Wenn Jimmy noch lebt, ist er bis dahin hier. Wiedersehen, Herr Wachtmeister.»

«Gute Nacht, mein Herr», sagte der Polizist, setzte seine Runde fort und prüfte im Weitergehen die Türen.

Inzwischen hatte ein kalter Sprühregen eingesetzt, und die unregelmäßigen Windstöße waren zu einem gleichmäßigen Wehen angewachsen. Die wenigen Fußgänger, die in diesem Viertel noch auf den Beinen waren, eilten mit hochgeschlagenem Mantelkragen und den Händen in den Taschen verdrießlich und stumm ihres Weges. Und in der Tür der Eisenwarenhandlung rauchte der Mann, der tausend Meilen gereist war, um eine fast lächerlich ungewisse Verabredung mit seinem Jugendfreund einzuhalten, seine Zigarre.

Etwa zwanzig Minuten wartete er noch, dann kam ein hochgewachsener Mann in einem langen Mantel, dessen Kragen er bis zu den Ohren hochgeschlagen hatte, über die Straße geeilt. Er ging direkt auf den wartenden Mann zu.

«Bist du es, Bob?» fragte er zögernd.

«Bist du's Jimmy Wells?» rief der Mann in der Tür.

«Ist das die Möglichkeit!» schrie der eben Angekommene und ergriff die beiden Hände des anderen. «Es ist Bob, so wahr ich hier stehe. Ich hab's doch gewußt, ich würde dich hier finden, wenn du noch am Leben bist. Ja, ja, ja! – Zwanzig Jahre sind eine lange Zeit. Das alte Lokal hier ist verschwunden, Bob; ich wollte, es wäre noch hier, dann hätten wir wieder gemeinsam darin zu Abend essen können. Wie ist dir der Westen bekommen, alter Junge?»

"Bully; it has given me everything I asked it for. You've changed lots, Jimmy. I never thought you were so tall by two or three inches."

"Oh, I grew a bit after I was twenty."

"Doing well in New York, Jimmy?"

"Moderately. I have a position in one of the city departments. Come on, Bob; we'll go around to a place I know of, and have a good long talk about old times."

The two men started up the street, arm in arm. The man from the West, his egotism enlarged by success, was beginning to outline the history of his career. The other, submerged in his overcoat, listened with interest.

At the corner stood a drug store, brilliant with electric lights. When they came into this glare each of them turned simultaneously to gaze upon the other's face.

The man from the West stopped suddenly and released his arm.

"You're not Jimmy Wells," he snapped. "Twenty years is a long time, but not long enough to change a man's nose from a Roman to a pug."

"It sometimes changes a good man into a bad one," said the tall man.

"You've been under arrest for ten minutes, Silky Bob.
62 Chicago thinks you may have dropped over
63 our way and wires us she wants to have a chat

«Prima; er hat mir alles gegeben, was ich von ihm wollte. Du hast dich mächtig verändert, Jimmy. Ich habe dich mir etliche Zentimeter kleiner vorgestellt.»

«Oh, nach meinem zwanzigsten Geburtstag bin ich noch ein Sückchen gewachsen.»

«Geht es dir gut in New York, Jimmy?»

«Einigermaßen. Ich habe eine Stelle in der Stadtverwaltung. Komm mit, Bob; ich kenne hier in der Nähe ein Lokal, wo wir uns gemütlich über die alten Zeiten unterhalten können.»

Die beiden Männer gingen Arm in Arm die Straße hinauf. Der Mann aus dem Westen, dessen Selbstgefühl durch den Erfolg noch gesteigert worden war, begann in groben Umrissen die Geschichte seiner Karriere zu erzählen. Der andere, tief in seinen Mantel verkrochen, hörte ihm interessiert zu.

An der Ecke stand ein Drugstore mit heller elektrischer Beleuchtung. Als sie in den Lichtschein traten, wandten sie sich gleichzeitig einander zu, um sich gegenseitig zu mustern.

Der Mann aus dem Westen blieb plötzlich stehen und machte seinen Arm frei.

«Sie sind nicht Jimmy Wells», stieß er böse hervor. «Zwanzig Jahre sind eine lange Zeit, aber nicht lange genug, um eine Adlernase in ein Mopsprofil zu verwandeln.»

«Immerhin reicht diese Zeit manchmal aus, um einen anständigen Menschen in einen schlechten zu verwandeln», sagte der Hochgewachsene. «Sie sind seit zehn Minuten verhaftet, Silky Bob. Chicago meinte, daß Sie sich zu uns herüberschlagen würden, und so bekamen wir ein Telegramm, daß man sich dort ein bißchen mit with you. Going quietly, are you? That's sensible. Now, before we go to the station here's a note I was asked to hand to you. You may read it here at the window. It's from Patrolman Wells."

The man from the West unfolded the little piece of paper handed him. His hand was steady when he began to read, but it trembled a little by the time he had finished. The note was rather short:

Bob, I was at the appointed place on time. When you struck the match to light your cigar I saw it was the face of the man wanted in Chicago. Somehow I couldn't do it myself, so I went around and got a plain clothes man to do the job. Jimmy.

Ihnen unterhalten möchte. Sie kommen ruhig mit, nicht wahr? So ist's brav. Bevor wir jetzt auf die Wache gehen, möchte ich Ihnen einen Zettel geben, den ich Ihnen aushändigen soll. Sie können ihn hier am Schaufenster lesen. Er ist vom Schutzmann Wells.»

Der Mann aus dem Westen faltete das kleine Stück Papier auseinander, das er bekommen hatte. Seine Hand war ruhig, als er zu lesen begann, aber sie zitterte ein wenig, als er damit fertig war. Die Mitteilung war ziemlich kurz:

«Bob, ich war rechtzeitig am vereinbarten Treffpunkt. Als Du das Streichholz aufflammen ließest, um deine Zigarre anzuzünden, sah ich das Gesicht des Mannes, der in Chicago gesucht wird. Irgendwie brachte ich es nicht über das Herz, es selbst zu tun, deshalb ging ich weg und bat einen Kriminalbeamten, es zu übernehmen. Jimmy.»

The Cop and the Anthem

On his bench in Madison Square Soapy moved uneasily. When wild geese honk high of nights, and when women without sealskin coats grow kind to their husbands, and when Soapy moves uneasily on his bench in the park, you may know that winter is near at hand.

A dead leaf fell in Soapy's lap. That was Jack Frost's card. Jack ist kind to the regular denizens of Madison Square, and gives fair warning of his annual call. At the corners of four streets he hands his pasteboard to the North Wind, footman of the mansion of All Outdoors, so that the inhabitants thereof may make ready.

Soapy's mind became cognizant of the fact that the time had come for him to resolve himself into a singular Committee of Ways and Means to provide against the coming rigor. And therefore he moved uneasily on his bench.

The hibernatorial ambitions of Soapy were not of the highest. In them were no considerations of Mediterranean cruises, of soporific Southern skies or drifting in the Vesuvian Bay. Three months on the Island was what his soul craved. Three months of assured board and bed and congenial company, safe from Boreas and bluecoats, seemed to Soapy the essence of things desirable.

Der Polizist und der Choral

Soapy rutschte unruhig auf seiner Bank im Madison-Park hin und her. Wenn die Wildgänse hoch am nächtlichen Himmel kreischen, wenn Frauen ohne Seehundsfellmäntel plötzlich nett zu ihren Männern werden und Soapy auf seiner Bank im Park unruhig wird, dann weiß man, daß der Winter vor der Tür steht.

Ein welkes Blatt fiel in Soapys Schoß. Das war Vater Frosts Visitenkarte. Vater Frost meint es gut mit den ständigen Bewohnern des Madison-Parks und warnt sie zeitig vor seinem alljährlichen Besuch. An den Ecken der vier Straßen übergibt er seine Karten dem Nordwind, dem Lakai im weiten Haus der Natur, so daß dessen Bewohner sich vorbereiten können.

Soapy wurde sich darüber klar, daß es Zeit für ihn geworden war, sich zu einem Ein-Mann-Ausschuß zur Beratung der Mittel und Wege gegen die kommende Kälte zusammenzufinden. Und deshalb rutschte er so unruhig auf seiner Bank hin und her.

Soapys winterliche Ambitionen waren nicht sehr hoch gesteckt. Eine Mittelmeerreise, ein Aufenthalt unter einschläfernden südlichen Himmeln oder eine Bootsfahrt in der Bucht von Neapel, an derartiges dachte er gar nicht. Drei Monate Gefängnis auf der Insel, das war alles, was sein Herz begehrte. Drei Monate gesicherte Kost und Unterkunft im Kreise gleichgesinnter Kollegen, geschützt vor Nordwind und Polizei, das erschien Soapy als der Inbegriff alles Wünschenswerten.

For years the hospitable Blackwell's had been his winter quarters. Just as his more fortunate fellow New Yorkers had bought their tickets to Palm Beach and the Riviera each winter, so Soapy had made his humble arrangements for his annual hegira to the Island. And now the time was come. On the previous night three Sabbath newspapers, distributed beneath his coat, about his ankles and over his lap, had failed to repulse the cold as he slept on his bench near the spurting fountain in the ancient square. So the Island loomed big and timely in Soapy's mind. He scorned the provisions made in the name of charity for the city's dependents. In Soapy's opinion the Law was more benign than Philanthrophy. There was an endless round of institutions, municipal and eleemosynary, on which he might set out and receive lodging and food accordant with the simple life. But to one of Soapy's proud spirit the gifts of charity are encumbered. If not in coin you must pay in humiliation of spirit for every benefit received at the hands of philanthropy. As Caesar had his Brutus, every bed of charity must have its toll of a bath, every loaf of bread its compensation of a private and personal inquisition. Wherefore it is better to be a guest of the law, which, though conducted by rules, does not meddle unduly with a gen-
68 tleman's private affairs.
69 Soapy, having decided to go to the Island,

Seit Jahren schon war das gastfreundliche Blackwell-Gefängnis sein Winterquartier. Ebenso wie seine glücklicheren New Yorker Mitbürger in jedem Winter ihre Fahrkarten nach Palm Beach oder an die Riviera lösten, so traf Soapy seine bescheidenen Vorbereitungen für seine alljährliche Flucht auf die Insel. Und jetzt war es wieder Zeit dafür. In der Nacht zuvor hatten die Wochenendausgaben von drei Zeitungen, die Soapy sich unter die Jacke geschoben, um die Knöchel gewickelt und über die Knie gebreitet hatte, nicht die Kälte abwehren können, als er auf seiner Bank neben dem plätschernden Springbrunnen in dem alten Park schlief. Deshalb erschien das Inselgefängnis groß und verlockend in seiner Vorstellung. Er verschmähte die Vorkehrungen, welche die Stadt im Namen der Nächstenliebe für ihre Bürger getroffen hatte. In seinen Augen war das Gesetz von größerer Güte als die Menschenfreundlichkeit. Es gab eine Unzahl städtischer und karitativer Einrichtungen, wohin er hätte gehen können, um Essen und Obdach seinen bescheidenen Ansprüchen gemäß zu erhalten. Aber, stolz wie er war, fand er die milden Gaben mit manch lästiger Bedingung verknüpft. Wenn nicht mit klingender Münze, zahlt man für jede Wohltat aus mildtätiger Hand mit einer Demütigung. So wie zu Cäsar Brutus gehörte, so gibt es in einer Fürsorgeanstalt kein Bett ohne vorausgehendes Bad und keinen Laib Brot ohne private und persönliche Inquisition. Daher fährt man besser als Gast des Gesetzes, das, wenngleich an Vorschriften gebunden, nicht ungebührlich in das Privatleben eines Gentleman eingreift.

Nachdem sich Soapy einmal entschlossen hatte, auf

at once set about accomplishing his desire. There were many easy ways of doing this. The pleasantest was to dine luxuriously at some expensive restaurant; and then, after declaring insolvency, be handed over quietly and without uproar to a policeman. An accommodating magistrate would do the rest.

Soapy left his bench and strolled out of the square and across the level sea of asphalt, where Broadway and Fifth Avenue flow together. Up Broadway he turned, and halted at a glittering café, where are gathered together nightly the choicest products of the grape, the silkworm, and the protoplasm.

Soapy had confidence in himself from the lowest button of his vest upward. He was shaven, and his coat was decent and his neat black, ready-tied four-in-hand had been presented to him by a lady missionary on Thanksgiving Day. If he could reach a table in the restaurant unsuspected success would be his. The portion of him that would show above the table would raise no doubt in the waiter's mind. A roasted mallard duck, thought Soapy, would be about the thing—with a bottle of Chablis, and then Camembert, a demi-tasse and a cigar. One dollar for the cigar would be enough. The total would not be so high as to call forth any supreme manifestation of revenge from the café management; and yet the meat would leave him filled and happy for the journey to his winter refuge.

die Insel zu gehen, machte er sich sogleich daran, seinen Wunschtraum zu verwirklichen. Dazu gab es viele einfache Wege. Der angenehmste war ein lukullisches Abendessen in irgendeinem teuren Lokal; danach brauchte man nur seine Zahlungsunfähigkeit zu erklären und sich ruhig und ohne Krawall einem Polizisten übergeben zu lassen. Ein entgegenkommender Richter erledigte dann schon den Rest.

Soapy stand auf, verließ gemächlichen Schrittes den Park und überquerte die glatte Asphaltfläche, wo sich der Broadway mit der Fifth Avenue vereint. Er ging den Broadway entlang und blieb vor einem eleganten Café stehen, das allabendlich den erlesensten Produkten des Weinbaus, der Seidenzucht und der Gattung Mensch als Treffpunkt diente.

Vom untersten Knopf seiner Weste nach oben war Soapy sich seiner sicher. Er war rasiert, seine Jacke war ganz ordentlich, und seine schmucke schwarze Selbstbinderschleife hatte er von einer Dame der Inneren Mission am Thanksgiving Day geschenkt bekommen. Konnte er, ohne Argwohn zu erregen, einen Tisch im Restaurant erreichen, so war der Erfolg ihm sicher. Was von ihm über dem Tisch zu sehen sein würde, könnte bei dem Kellner keinerlei Bedenken aufkommen lassen. Ein Wildentenbraten, so dachte Soapy, wäre gerade das richtige, dazu eine Flasche Chablis, danach Camembert, ein Mokka und eine Zigarre. Eine Zigarre zu einem Dollar dürfte genügen. Die Rechnung würde nicht so hoch werden, um die Geschäftsführung zu einem übertriebenen Racheakt zu reizen; aber mit dem Fleisch im Bauch könnte er satt und zufrieden in sein Winterasyl abreisen.

But as Soapy set foot inside the restaurant door the head waiter's eye fell upon his frayed trousers and decadent shoes. Strong and ready hands turned him about and conveyed him in silence and haste to the sidewalk and averted the ignoble fate of the menaced mallard.

Soapy turned off Broadway. It seemed that his route to the coveted Island was not to be an epicurean one.

Some other way of entering limbo must be thought of.

At a corner of Sixth Avenue electric lights and cunningly displayed wares behind plate-glass made a shop window conspicuous. Soapy took a cobblestone and dashed it through the glass. People came running around the corner, a policeman in the lead. Soapy stood still, with his hands in his pockets, and smiled at the sight of brass buttons.

"Where's the man that done that?" inquired the officer, excitedly.

"Don't you figure out that I might have had something to do with it?" said Soapy, not without sarcasm, but friendly, as one greets good fortune.

The policeman's mind refused to accept Soapy even as a clue. Men who smash windows do not remain to parley with the law's minions. They take to their heels.

72 The police-
73 man saw a man halfway down the block run-

Doch als Soapy das Restaurant betrat, fiel der Blick des Kellners auf seine abgewetzten Hosen und auseinanderfallenden Schuhe. Und da packten ihn auch schon kräftige Fäuste, drehten ihn um die eigene Achse, beförderten ihn wortlos und schnell auf den Bürgersteig und bewahrten somit die bedrohte Wildente vor unwürdigem Schicksal.

Soapy wandte sich vom Broadway ab. Es hatte nicht den Anschein, als sei die Straße zu der ersehnten Insel mit leiblichen Genüssen gepflastert. Er mußte sich einen anderen Weg ausdenken, um ins Kittchen zu kommen.

An einer Ecke von der Sixth Avenue war ein Schaufenster, das mit seiner elektrischen Beleuchtung und seinen verführerisch ausgestellten Waren Aufsehen erregte. Soapy hob einen Pflasterstein auf und schleuderte ihn durch die Scheibe. Einige Leute kamen um die Ecke gerannt, allen voraus ein Polizist. Soapy blieb mit den Händen in den Taschen ruhig stehen und lächelte, als er die Messingknöpfe sah.

«Wer hat das getan?» fragte der Schutzmann aufgeregt.

«Können Sie sich nicht vorstellen, daß ich damit etwas zu tun gehabt habe?» fragte Soapy nicht ohne Spott, aber immerhin so freundlich, wie man eine glückliche Fügung begrüßt.

Der Polizist schien nicht geneigt, Soapy überhaupt in Zusammenhang mit der Angelegenheit zu sehen. Männer, die Fenster zertrümmern, bleiben nicht stehen, um sich mit den Hütern des Gesetzes zu unterhalten. Sie geben Fersengeld. Da sah der Schutzmann einen halben Häuserblock entfernt einen Mann hinter ning to catch a car. With drawn club he joined in the pursuit. Soapy, with disgust in his heart, loafed along, twice unsuccessful.

On the opposite side of the street was a restaurant of no great pretensions. It catered to large appetites and modest purses. Its crockery and atmosphere were thick; its soup and napery thin. Into this place Soapy took his accusive shoes and telltale trousers without challenge. At a table he sat and consumed beefsteak, flapjacks, doughnuts and pie. And then to the waiter he betrayed the fact that the minutest coin and himself were strangers.

"Now, get busy and call a cop," said Soapy. "And don't keep a gentleman waiting."

"No cop for youse," said the waiter, with a voice like butter cakes und an eye like the cherry in a Manhattan cocktail. "Hey, Con!"

Neatly upon his left ear on the callous pavement two waiters pitched Soapy. He arose joint by joint, as a carpenter's rule opens, and beat the dust from his clothes.

Arrest seemed but a rosy dream. The Island seemed very far away. A policeman who stood before a drug store two doors away laughed and walked down the street.

Five blocks Soapy travelled before his cour-
74 age permitted him to woo capture again.
75 This time the opportunity presented what he

einer Straßenbahn herrennen, und mit dem Gummiknüppel in der Faust nahm er die Verfolgung auf. Soapy schlich sich fort, das Herz voll Gram über seine beiden Mißerfolge.

Auf der gegenüberliegenden Straßenseite stand ein anspruchsloses Gasthaus, das auf Gäste mit großem Appetit und geringen Mitteln eingestellt war. Dort waren die Teller ebenso dick wie die Luft, und die Suppe so dünn wie das Tischtuch. Und hier trat Soapy ein, ohne mit seinen schandbaren Schuhen und verräterischen Hosen Anstoß zu erregen. Er setzte sich an einen Tisch und vertilgte Beefsteak, Pfannkuchen, Krapfen und Torte. Dann verriet er dem Kellner, daß auch nicht die winzigste Münze bei ihm zu finden sei.

«Los, machen Sie schnell und rufen Sie einen Schutzmann», sagte er. «Einen Gentleman läßt man nicht warten.»

«Das würde dir passen», sagte der Kellner mit einer Stimme wie Butterkeks, und seine Augen sahen aus wie Kirschen auf einem Manhattan-Cocktail. «He, Con!»

Genau mit dem linken Ohr landete Soapy auf dem harten Pflaster, als ihn die beiden Kellner hinauswarfen. Langsam, wie ein Zimmermann Glied um Glied seinen Zollstock aufklappt, so richtete sich Soapy empor und klopfte sich den Staub von den Kleidern. Die Verhaftung schien nur ein rosiger Traum zu sein und die Insel in weitester Ferne. Ein Polizist, der zwei Türen weiter vor einem Drugstore stand, lachte und ging die Straße hinunter.

Fünf Häuserblöcke legte Soapy zurück, bevor er wieder Mut faßte, sich um seine Verhaftung zu bemühen. Diesmal bot sich eine Gelegenheit, die er innerlich fatuously termed to himself a "cinch". A young woman of a modest and pleasing guise was standing before a show window gazing with sprightly interest at its display of shaving mugs and ink-stands, and two yards from the window a large policeman of severe demeanor leaned against a water plug.

It was Soapy's design to assume the rôle of the despicable and execrated "masher." The refined and elegant appearance of his victim, and the contiguity of the conscientious cop encouraged him to believe that he would soon feel the pleasant official clutch upon his arm that would insure his winter quarters on the right little, tight little isle.

Soapy straightened the lady missionary's ready-made tie, dragged his shrinking cuffs into the open, set his hat at a killing cant and sidled toward the young woman. He made eyes at her, was taken with sudden coughs and "hems," smiled, smirked and went brazenly through the impudent and contemptible litany of the "masher." With half an eye Soapy saw that the policeman was watching him fixedly. The young woman moved away a few steps, and again bestowed her absorbed attention upon the shaving mugs. Soapy followed, boldly stepping to her side, raised his hat and said:

"Ah there, Bedelia! Don't you want to come
76 and play in my yard?"

77 The policeman was still looking. The per-

in seiner Einfalt ein Kinderspiel nannte. Eine junge Frau von sittsamer und anmutiger Erscheinung stand vor einem Schaufenster und betrachtete mit lebhaftem Interesse die ausgestellten Rasierschalen und Tintenfässer, und zwei Meter davon entfernt lehnte an einem Hydranten ein mächtiger Schutzmann mit grimmiger Miene.

Soapy nahm sich vor, die verächtliche und verabscheuungswürdige Rolle jener Vorstadtcasanovas zu spielen, die Frauen auf offener Straße belästigen. Das vornehme und elegante Äußere seines Opfers und die Nähe des gewissenhaften Polizeibeamten ermutigten ihn zu der Hoffnung, auf seinem Arm bald jenen angenehmen Griff der Staatsgewalt zu spüren, der ihm sein Winterquartier auf der schönen, kleinen, abgeschiedenen Insel sichern würde.

Soapy rückte die Krawatte der Missionsdame zurecht, zog seine zusammengeschrumpften Manschetten aus dem Ärmel, schob seinen Hut unternehmungslustig in den Nacken und machte sich an die junge Frau heran. Er warf ihr herausfordernde Blicke zu, mußte plötzlich husten und sich räuspern, lächelte, schmunzelte und spielte frech die unverfrorene und verachtungswürdige Rolle des Schwerenöters. Mit halbem Auge sah Soapy, daß der Polizist ihn unverwandt beobachtete. Die junge Frau entfernte sich ein paar Schritte und vertiefte sich erneut in die Betrachtung der Rasierschalen. Soapy ging ihr nach, trat keck neben sie, zog den Hut und sagte:

«Hallo, Mausi! Möchtest du nicht mit mir kommen und in meinem Hof spielen?»

Der Schutzmann schaute immer noch auf die zwei.

secuted young woman had but to beckon a finger and Soapy would be practically en route for his insular haven. Already he imagined he could feel the cozy warmth of the station-house. The young woman faced him and, stretching out a hand, caught Soapy's coat sleeve.

"Sure, Mike," she said, joyfully, "if you'll blow me to a pail of suds. I'd have spoke to you sooner, but the cop was watching."

With the young woman playing the clinging ivy to his oak Soapy walked past the policeman overcome with gloom. He seemed doomed to liberty.

At the next corner he shook off his companion and ran. He halted in the district where by night are found the lightest streets, hearts, vows and librettos.

Women in furs and men in greatcoats moved gaily in the wintry air. A sudden fear seized Soapy that some dreadful enchantment had rendered him immune to arrest. The thought brought a little of panic upon it, and when he came upon another policeman lounging grandly in front of a transplendent theatre he caught at the immediate straw of "disorderly conduct."

On the sidewalk Soapy began to yell drunken gibberish at the top of his harsh voice. He danced, howled, raved, and otherwise disturbed the welkin.

Die verfolgte junge Frau brauchte nur mit dem Finger zu winken, und Soapy befände sich so gut wie sicher auf dem Weg zu seinem Inselasyl. Schon glaubte er, die behagliche Wärme der Wachtstube zu spüren. Da wandte sich die junge Frau ihm zu, streckte die Hand aus und faßte ihn am Ärmel.

«Na klar, Egon», sagte sie gutgelaunt, «wenn du mir 'ne Pulle Bier schmeißt. Ich hätte dich ja schon längst angequatscht, aber der Schupo da hat dauernd hergeschaut.»

Mit der jungen Frau, die sich an ihn wie Efeu an eine Eiche klammerte, ging Soapy trübsinnig an dem Schutzmann vorbei. Er schien zur Freiheit verurteilt zu sein.

An der nächsten Ecke schüttelte er seine Begleiterin ab und rannte los. Er blieb erst wieder in dem Stadtteil stehen, wo man bei Nacht die lebenslustigsten Straßen, die spritzigsten Cabarets, die fröhlichsten Herzen und die leichtfertigsten Treueschwüre findet. Frauen in Pelzmänteln und Männer in Überziehern promenierten frohgestimmt durch die Winterluft. Eine plötzliche Angst ergriff Soapy, daß irgendein entsetzlicher Zauberbann ihn gegen jede Festnahme gefeit habe. Dieser Gedanke jagte ihm fast panischen Schrekken ein, und als er auf den nächsten Schutzmann stieß, der hoheitsvoll vor einem hellerleuchteten Theater herumstand, griff er nach dem nächstbesten Strohhalm: er probierte es mit «Ungebührlichem Benehmen».

Auf dem Bürgersteig begann Soapy, aus Leibeskräften wie ein Betrunkener zu grölen. Er tanzte, heulte und tobte, als wolle er den Himmel zum Einsturz bringen.

The policeman twirled his club, turned his back to Soapy and remarked to a citizen:

"'Tis one of them Yale lads celebratin' the goose egg they give to the Hartford College. Noisy; but no harm. We've instructions to lave them be."

Disconsolate, Soapy ceased his unavailing racket. Would never a policeman lay hands on him? In his fancy the Island seemed an unattainable Arcadia. He buttoned his thin coat against the chilling wind.

In a cigar store he saw a well-dressed man lighting a cigar at a swinging light. His silk umbrella he had set by the door on entering. Soapy stepped inside, secured the umbrella and sauntered off with it slowly. The man at the cigar light followed hastily.

"My umbrella," he said, sternly.

"Oh, is it?" sneered Soapy, adding insult to petit larceny. "Well, why don't you call a policeman?

I took it. Your umbrella! Why don't you call a cop? There stands one on the corner."

The umbrella owner slowed his steps. Soapy did likewise, with a presentiment that luck would again run against him. The policeman looked at the two curiously.

"Of course," said the umbrella man—"that is—well, you know how these mistakes occur—
80 I—if it's your umbrella I hope you'll excuse
81 me—I picked it up this morning in a restau-

Der Schutzmann wirbelte seinen Gummiknüppel durch die Luft, kehrte Soapy den Rücken und bemerkte zu einem Passanten:

«Einer von den Yale-Studenten, die ihren Sieg über das Hartford College feiern. Radaubrüder, aber harmlos. Wir haben Anweisung, sie in Ruhe zu lassen.»

Untröstlich brach Soapy seinen unnützen Lärm ab. Wollte ihn denn kein Polizist haben? In seiner Vorstellung erschien ihm die Insel unerreichbar wie ein idyllisches Paradies. Er knöpfte seine Jacke zu, um sich gegen den schneidenden Wind zu schützen.

In einem Tabakladen sah er einen gutgekleideten Mann, der sich eine Zigarre an einer bereithängenden Flamme anzündete. Seinen seidenen Regenschirm hatte er am Eingang abgestellt. Soapy trat ein, griff sich den Schirm und schlenderte langsam davon. Der Mann an der Flamme folgte ihm hastig nach.

«Der Schirm gehört mir», sagte er energisch.

«Wirklich?» fragte Soapy mit einem Grinsen, das zum Diebstahl hinzu noch den Tatbestand der Beleidigung erfüllte. «Na schön, warum rufen Sie dann keinen Polizisten? Ich habe ihn doch genommen, Ihren Schirm! Warum also rufen Sie keinen Schutzmann? Dort an der Ecke steht einer.»

Der Schirmbesitzer wurde langsamer. Soapy folgte seinem Beispiel, mit der dumpfen Ahnung, daß das Glück wieder nicht seinen Weg kreuzen würde. Der Polizist schaute den beiden neugierig zu.

«Natürlich», sagte der Schirmbesitzer, – «das heißt – na ja, Sie wissen schon, wie solche Versehen vorkommen – ich – wenn der Schirm Ihnen gehört, dann hoffe ich, Sie werden entschuldigen – ich habe ihn heute rant—If you recognize it as yours, why—I hope you'll——"

"Of course it's mine," said Soapy, viciously.

The ex-umbrella man retreated. The policeman hurried to assist a tall blonde in an opera cloak across the street in front of a street car that was approaching two blocks away.

Soapy walked eastward through a street damaged by improvements. He hurled the umbrella wrathfully into an excavation. He muttered against the men who wear helmets and carry clubs. Because he wanted to fall into their clutches, they seemed to regard him as a king who could do no wrong.

At length Soapy reached one of the avenues to the east where the glitter and turmoil was but faint.

He set his face down this toward Madison Square, for the homing instinct survives even when the home is a park bench.

But on an unusually quiet corner Soapy came to a standstill. Here was an old church, quaint and rambling and gabled. Through one violet-stained window a soft light glowed, where, no doubt, the organist loitered over the keys, making sure of his mastery of the coming Sabbath anthem. For there drifted out to Soapy's ears sweet music that caught and held him transfixed against the convolu-
82 tions of the iron fence.

83 The moon was above, lustrous and serene;

morgen aus einem Gasthaus mitgenommen — wenn Sie ihn wiedererkennen, dann — ich hoffe, Sie werden —»

«Natürlich gehört er mir», sagte Soapy böse.

Der Ex-Schirmbesitzer zog sich zurück. Der Schutzmann eilte zu einer hochbeinigen Blondine im Theatermantel, um ihr vor einer noch zwei Häuserblöcke entfernten Trambahn über die Straße zu helfen.

Soapy wanderte ostwärts durch eine Straße, die wegen Erdarbeiten aufgerissen war. Zornig schleuderte er den Regenschirm in eine Baugrube. Er schimpfte vor sich hin auf die Leute, die Helme und Gummiknüppel tragen. Weil er ihnen in die Klauen fallen wollte, schienen sie ihn für einen König zu halten, der kein Unrecht tun konnte.

Endlich erreichte Soapy eine der nach Osten führenden Straßen, in denen der Lichterglanz und der Trubel nur noch schwach zu bemerken waren. Diese Straße entlanggehend, steuerte Soapy wieder auf den Madison-Park zu, denn der Ruf der Heimat verstummt selbst dann nicht, wenn man nur eine Bank im Park sein Zuhause nennt.

Aber an einer ungewöhnlich stillen Straßenecke hielt Soapy an. Hier stand eine alte Kirche, altmodisch, stillos und mit einem Giebel. Durch ein violettfarbenes Fenster schimmerte sanftes Licht; zweifellos ließ dort der Organist jetzt seine Finger über die Tasten gleiten, um seinem Choral für den kommenden Sonntag den letzten Schliff zu geben. Denn an Soapys Ohr drang süße Musik, die ihn ergriff und gegen die verschlungenen Stäbe des Eisenzauns preßte.

Der Mond stand am Himmel, strahlend und klar;

vehicles and pedestrians were few; sparrows twittered sleepily in the eaves–for a little while the scene might have been a country churchyard. And the anthem that the organist played cemented Soapy to the iron fence, for he had known it well in the days when his life contained such things as mothers and roses and ambitions and friends and immaculate thoughts and collars.

The conjunction of Soapy's receptive state of mind and the influences about the old church wrought a sudden and wonderful change in his soul. He viewed with swift horror the pit into which he had tumbled, the degraded days, unworthy desires, dead hopes, wrecked faculties and base motives that made up his existence.

And also in a moment his heart responded thrillingly to this novel mood. An instantaneous and strong impulse moved him to battle with his desperate fate. He would pull himself out of the mire; he would make a man of himself again; he would conquer the evil that had taken possession of him. There was time; he was comparatively young yet; he would resurrect his old eager ambitions and pursue them without faltering. Those solemn but sweet organ notes had set up a revolution in him. To-morrow he would go into the roaring downtown district and find work. A fur
84 importer had once offered him a place as driv-
85 er. He would find him to-morrow and ask

Wagen und Fußgänger waren kaum noch zu sehen; einige Spatzen zwitscherten schlaftrunken in der Dachrinne — für einen Augenblick glaubte man sich auf einen ländlichen Kirchhof versetzt. Der Choral, den der Organist spielte, schmiedete Soapy an das Eisengitter, denn er kannte dieses Lied aus der Zeit seines Lebens, in der es für ihn noch eine Mutter, Rosen, Zukunftspläne, Freunde, saubere Gedanken und Kragen gegeben hatte.

Das Zusammenwirken von Soapys empfänglicher Stimmung und dem Einfluß der alten Kirche schuf eine augenblickliche und wunderbare Wandlung in seiner Seele. Mit plötzlichem Schaudern sah er vor sich den Abgrund, in den er hineingetaumelt war, all die Tage der Erniedrigung, die unwürdigen Begierden, toten Hoffnungen, verpfuschten Möglichkeiten und niedrigen Triebkräfte, die sein Leben erfüllt hatten.

Und mit einem Mal öffnete sich sein Herz erbebend dieser neuartigen Stimmung. Ein spontaner und mächtiger Drang befahl ihm, mit seinem verzweifelten Schicksal den Kampf aufzunehmen. Er würde sich aus dem Sumpf herausziehen; er würde wieder ein anständiger Mensch werden; er würde das Böse überwinden, das von ihm Besitz ergriffen hatte. Noch war es Zeit; er war verhältnismäßig jung; er würde seine ehrgeizigen Pläne von einst wieder ausgraben und sie verfolgen, ohne vom Wege abzuweichen. Die feierlichen und doch so süßen Orgelklänge hatten sein Innerstes aufgewühlt. Morgen schon würde er in die lärmende Innenstadt gehen und sich eine Arbeit suchen. Ein Pelzimporteur hatte ihm einmal die Stelle eines Kraftfahrers angeboten. Er würde ihn morgen aufsufor the position. He would be somebody in the world. He would —

Soapy felt a hand laid on his arm. He looked quickly around into the broad face of a policeman.

"What are you doin' here?" asked the officer.

"Nothin'," said Soapy.

"Then come along," said the policeman.

"Three months on the Island," said the Magistrate in the Police Court the next morning.

chen und um die Stelle bitten. Er würde wieder jemand sein auf dieser Welt. Er würde –

Soapy spürte eine Hand auf seinem Arm. Er wandte sich schnell um und blickte in das breite Gesicht eines Polizisten.

«Was tun Sie hier?» fragte der Beamte.

«Nichts», antwortete Soapy.

«Na, dann kommen Sie mal mit», sagte der Schutzmann.

«Drei Monate Insel», sagte der Schnellrichter am nächsten Morgen.

The Gift of the Magi

One dollar and eighty-seven cents. That was all. And sixty cents of it was in pennies. Pennies saved one and two at a time by bulldozing the grocer and the vegetable man and the butcher until one's cheeks burned with the silent imputation of parsimony that such close dealing implied. Three times Della counted it. One dollar and eighty-seven cents. And the next day would be Christmas.

There was clearly nothing to do but flop down on the shabby little couch and howl. So Della did it. Which instigates the moral reflection that life is made up of sobs, sniffles, and smiles, with sniffles predominating.

While the mistress of the home is gradually subsiding from the first stage to the second, take a look at the home. A furnished flat at $ 8 per week. It did not exactly beggar description, but it certainly had that word on the lookout for the mendicancy squad .

In the vestibule below was a letter-box into which no letter would go, and an electric button from which no mortal finger could coax a ring. Also appertaining thereunto was a card bearing the name "Mr. James Dillingham Young."

The "Dillingham" had been flung to the breeze during a former period of prosperity

Das Geschenk der Weisen

Ein Dollar und siebenundachtzig Cents. Das war alles. Und sechzig Cents davon bestanden aus Pennystücken. Pennies, die man zu jeweils ein oder zwei Stück dem Krämer, Gemüsehändler oder Metzger abgehandelt hatte, bis man mit schamroten Wangen den unausgesprochenen Vorwurf der Knauserigkeit spürte, den solches Feilschen mit sich brachte. Dreimal zählte Della das Geld nach. Ein Dollar und siebenundachtzig Cents. Und morgen war Weihnachten.

Da blieb allerdings nichts anderes übrig, als sich auf die schäbige kleine Couch zu werfen und zu heulen. Das tat Della denn auch. Was zu der philosophischen Betrachtung anreizt, daß das Leben aus Schluchzen, Seufzen und Lächeln besteht, wobei das Seufzen überwiegt.

Während die Verzweiflung der Hausfrau allmählich in das zweite Stadium abklingt, wollen wir uns das Heim betrachten. Eine möblierte Wohnung für acht Dollar die Woche. Nicht daß sie in ihrer Armseligkeit jeder Beschreibung spottete, aber weit entfernt davon war sie sicher nicht.

An der Eingangstüre unten befanden sich ein Briefkasten, in den niemals Briefe geworfen wurden, und ein elektrischer Klingelknopf, dem kein Sterblicher je einen Laut entlocken konnte. Dazu gehörte noch eine Karte mit dem Namen «Mr. James Dillingham Young.»

Das ausgeschriebene «Dillingham» hatte während einer früheren Periode des Wohlstandes vornehm wir-when its possessor was being paid $30 per week. Now, when the income was shrunk to $ 20, the letters of "Dillingham" looked blurred, as though they were thinking seriously of contracting to a modest and unassuming D. But whenever Mr. James Dillingham Young came home and reached his flat above he was called "Jim" and greatly hugged by Mrs. James Dillingham Young, already introduced to you as Della. Which is all very good.

Della finished her cry and attended to her cheeks with the powder rag. She stood by the window and looked out dully at a gray cat walking a gray fence in a gray backyard. Tomorrow would be Christmas Day, and she had only $ 1.87 with which to buy Jim a present. She had been saving every penny she could for months, with this result. Twenty dollars a week doesn't go far. Expenses had been greater than she had calculated. They always are. Only $ 1.87 to buy a present for Jim. Her Jim. Many a happy hour she had spent planning for something nice for him. Something fine and rare and sterling—something just a little bit near to being worthy of the honor of being owned by Jim.

There was a pier-glass between the windows of the room. Perhaps you have seen a pier-glass in an $ 8 flat. A very thin and very agile person may, by observing his reflection in a rapid sequence of longitudinal strips, obken sollen, als der Besitzer des Namens noch dreißig Dollar in der Woche bekam. Doch jetzt, da das Einkommen auf zwanzig Dollar zusammengeschrumpft war, schienen die Buchstaben des Namens «Dillingham» so verschwommen, als gedächten sie ernsthaft, sich zu einem bescheidenen und anspruchslosen «D» zusammenzuziehen. Jedesmal aber, wenn Mr. James Dillingham Young nach Hause kam und seine Wohnung betrat, wurde er von Frau James Dillingham Young, Ihnen schon als Della bekannt, «Jim» gerufen und stürmisch umarmt. So weit, so gut.

Della hörte auf zu weinen und machte sich mit der Puderquaste über ihre Wangen her. Sie stand am Fenster und sah bedrückt einer grauen Katze zu, die im grauen Hinterhof auf einem grauen Zaun entlangschlich. Morgen war Weihnachten, und sie hatte nur einen Dollar und siebenundachtzig Cents, um Jim ein Geschenk zu kaufen. Seit Monaten hatte sie jeden Penny gespart, und das war der Erfolg. Mit zwanzig Dollar in der Woche kommt man nicht weit. Die Ausgaben waren größer gewesen, als sie gerechnet hatte. Sie sind es ja immer. Nur ein Dollar siebenundachtzig, um ein Geschenk für Jim zu kaufen. Für ihren Jim. Manch glückliche Stunde hatte sie damit verbracht, sich etwas Hübsches für ihn auszudenken. Etwas Schönes, Seltenes, Gediegenes – etwas, das beinahe der Ehre würdig gewesen wäre, Jim zum Besitzer zu haben.

Zwischen den Fenstern des Zimmers befand sich ein Pfeilerspiegel. Vielleicht haben Sie schon einmal einen Pfeilerspiegel in einer Achtdollarwohnung gesehen. Nur eine sehr schlanke und bewegliche Person kann, wenn sie ihr Spiegelbild in einer raschen Folge tain a fairly accurate conception of his looks. Della, being slender, had mastered the art.

Suddenly she whirled from the window and stood before the glass. Her eyes were shining brilliantly, but her face had lost its color within twenty seconds. Rapidly she pulled down her hair and let it fall to its full length.

Now, there were two possessions of the James Dillingham Youngs in which they both took a mighty pride. One was Jim's gold watch that had been his father's and his grandfather's. The other was Della's hair. Had the Queen of Sheba lived in the flat across the airshaft, Della would have let her hair hang out the window some day to dry just to depreciate Her Majesty's jewels and gifts. Had King Solomon been the janitor, with all his treasures piled up in the basement, Jim would have pulled out his watch every time he passed, just to see him pluck at his beard from envy.

So now Della's beautiful hair fell about her rippling and shining like a cascade of brown waters. It reached below her knee and made itself almost a garment for her. And then she did it up again nervously and quickly. Once she faltered for a minute and stood still while a tear or two splashed on the worn red carpet.

On went her old brown jacket; on went her
92 old brown hat. With a whirl of skirts and
93 with the brilliant sparkle still in her eyes, she

von Längsstreifen zu betrachten versteht, einen einigermaßen zuverlässigen Eindruck ihres Aussehens bekommen. Da Della schlank war, verstand sie sich darauf.

Plötzlich wandte sie sich vom Fenster ab und stellte sich vor den Spiegel. Ihre Augen glänzten hell, aber ihr Gesicht hatte innerhalb von zwanzig Sekunden jede Farbe verloren. Schnell löste sie ihr Haar und ließ es in seiner ganzen Länge herabfallen.

Nun gab es zwei Dinge im Besitz der Familie James Dillingham Young, auf die beide mächtig stolz waren. Eines davon war Jims goldene Uhr, die schon seinem Vater und Großvater gehört hatte. Das andere war Dellas Haar. Hätte in der Wohnung jenseits des Lichtschachtes die Königin von Saba gewohnt, Della hätte ihr Haar eines Tages zum Trocknen aus dem Fenster gehängt, nur um die Juwelen und Geschenke Ihrer Majestät in den Schatten zu stellen.

Und wäre König Salomon mit all seinen im Kellergeschoß aufgestapelten Schätzen der Pförtner des Hauses gewesen, Jim hätte jedesmal im Vorbeigehen seine Uhr gezückt, nur um ihn vor Neid seinen Bart raufen zu sehen.

Da fiel also Dellas schönes Haar wie ein brauner Wasserfall glänzend und sich kräuselnd an ihr herab. Es reichte ihr bis unter die Knie und umhüllte sie fast wie ein Kleid. Mit nervöser Hast steckte sie es wieder auf. Einen Augenblick noch zögerte sie, während eine oder zwei Tränen auf den abgetretenen roten Teppich fielen.

Dann schlüpfte sie in ihre alte braune Jacke und setzte ihren alten braunen Hut auf. Mit wehendem Rock und dem immer noch glänzenden Leuchten in den fluttered out the door and down the stairs to the street.

Where she stopped the sign read: "Mme. Sofronie. Hair Goods of All Kinds." One flight up Della ran, and collected herself, panting. Madame, large, too white, chilly, hardly looked the "Sofronie."

"Will you buy my hair?" asked Della.

"I buy hair," said Madame. "Take yer hat off and let's have a sight at the looks of it."

Down rippled the brown cascade.

"Twenty dollars," said Madame, lifting the mass with a practised hand.

"Give it to me quick," said Della.

Oh, and the next two hours tripped by on rosy wings. Forget the hashed metaphor. She was ransacking the stores for Jim's present.

She found it at last. It surely had been made for Jim and no one else. There was no other like it in any of the stores, and she had turned all of them inside out. It was a platinum fob chain simple and chaste in design, properly proclaiming its value by substance alone and not by meretricious ornamentation—as all good things should do. It was even worthy of The Watch. As soon as she saw it she knew that it must be Jim's. It was like him. Quietness and value—the description applied to both. Twenty-one dollars they took from her for it, and she hurried home with the 87 cents.
 With that chain on his watch Jim might be
 properly anxious about the time in any com-

Augen huschte sie zur Tür hinaus, die Treppe hinunter, auf die Straße.

Sie blieb erst vor einem Schild stehen, auf dem zu lesen war: «Mme. Sofronie, Haare aller Art.» Della rannte eine Treppe hoch und sammelte sich, nach Luft ringend. Madame, massig, zu weiß gepudert, sehr kühl, sah kaum so aus, als könne sie Sofronie heißen.

«Wollen Sie mein Haar kaufen?» fragte Della.

«Ich kaufe Haar», sagte Madame. «Nehmen Sie Ihren Hut ab und zeigen Sie, wie es aussieht.»

Herunter rieselte der braune Wasserfall.

«Zwanzig Dollar», sagte Madame und wog die Haarflut mit geübter Hand.

«Schnell, geben Sie mir das Geld», sagte Della.

Oh, und die nächsten zwei Stunden tänzelten vorbei auf rosigen Schwingen. (Entschuldigen Sie die verhunzte Metapher!) Sie durchstöberte die Läden nach einem Geschenk für Jim.

Endlich fand sie es. Sicher war es für Jim und keinen anderen gemacht. Nichts kam ihm gleich in all den anderen Läden, die sie durchwühlt hatte. Es war eine Uhrkette aus Platin, schlicht und edel in der Ausführung; ihr Wert war nur am Material und nicht an protzigem Zierat zu erkennen — was ja bei allen echten Dingen der Fall sein sollte. Diese Kette war es sogar wert, die Uhr aller Uhren zu tragen. Sobald Della sie sah, wußte sie, daß sie Jim gehören mußte. Sie war wie er. Vornehmheit und Wert — diese Bezeichnungen trafen auf beide zu. Einundzwanzig Dollar nahm man ihr dafür ab, und mit den siebenundachtzig Cents eilte sie nach Hause. Mit dieser Kette an seiner Uhr konnte Jim in jeder Gesellschaft so eifrig er wollte nach der pany. Grand as the watch was, he sometimes looked at it on the sly on account of the old leather strap that he used in place of a chain.

When Della reached home her intoxication gave way a little to prudence and reason. She got out her curling irons and lighted the gas and went to work repairing the ravages made by generosity added to love. Which is always a tremendous task, dear friends—a mammoth task.

Within forty minutes her head was covered with tiny, close-lying curls that made her look wonderfully like a truant schoolboy. She looked at her reflection in the mirror long, carefully, and critically.

"If Jim doesn't kill me," she said to herself, "before he takes a second look at me, he'll say I look like a Coney Island chorus girl. But what could I do—oh! what could I do with a dollar and eighty-seven cents?"

At 7 o'clock the coffee was made and the frying-pan was on the back of the stove hot and ready to cook the chops.

Jim was never late. Della doubled the fob chain in her hand and sat on the corner of the table near the door that he always entered. Then she heard his step on the stairway down on the first flight, and she turned white for just a moment. She had a habit of saying little silent prayers about the simplest everyday things, and now she whispered: "Please God, make him think I am still pretty."

Zeit sehen. Denn so prächtig die Uhr auch war, er schaute oft nur verstohlen darauf, weil sie, anstatt an einer Kette, an einem alten Lederriemen hing.

Als Della zu Hause ankam, wich ihr Freudenrausch ein wenig der Besinnung und Vernunft. Sie holte ihre Brennschere hervor, zündete das Gas an und machte sich daran, die Verwüstungen wiedergutzumachen, die Freude am Schenken und Liebe angerichtet hatten. Und das, liebe Freunde, ist immer eine ungeheure Aufgabe – eine Mammutaufgabe.

Nach vierzig Minuten war ihr Kopf mit winzigen, eng anliegenden Löckchen bedeckt, die ihr ganz das Aussehen eines die Schule schwänzenden Lausbuben gaben. Sie besah sich lange, sorgfältig und kritisch im Spiegel. «Wenn Jim mich nicht umbringt», sagte sie zu sich selbst, «bevor er mich eines zweiten Blickes würdigt, so wird er sagen, ich sehe aus wie ein Tanzgirl von Coney Island. Aber was konnte ich tun – oh, was konnte ich tun mit einem Dollar und siebenundachtzig Cents?»

Um sieben Uhr war der Kaffee fertig, und die heiße Bratpfanne stand hinten auf dem Ofen, bereit, die Kotelettes aufzunehmen.

Jim kam nie zu spät. Della nahm die Uhrkette zusammengelegt in die Hand und setzte sich auf die Tischecke bei der Tür, durch die er immer hereinkam. Bald vernahm sie seinen Schritt weit unten auf den ersten Stufen, und für einen Augenblick wurde sie ganz weiß. Sie hatte die Gewohnheit, im stillen kleine Gebete für die einfachsten Alltagsdinge zu sprechen, und so flüsterte sie auch jetzt: «Lieber Gott, mach, daß er mich immer noch hübsch findet!»

The door opened and Jim stepped in and closed it. He looked thin and very serious. Poor fellow, he was only twenty-two—and to be burdened with a family! He needed a new overcoat and he was without gloves.

Jim stopped inside the door, as immovable as a setter at the scent of quail. His eyes were fixed upon Della, and there was an expression in them that she could not read, and it terrified her. It was not anger, nor surprise, nor disapproval, nor horror, nor any of the sentiments that she had been prepared for. He simply stared at her fixedly with that peculiar expression on his face.

Della wriggled off the table and went for him.

"Jim, darling," she cried, "don't look at me that way. I had my hair cut off and sold it because I couldn't have lived through Christmas without giving you a present. It'll grow out again—you won't mind, will you? I just had to do it. My hair grows awfully fast. Say 'Merry Christmas!' Jim, and let's be happy. You don't know what a nice—what a beautiful, nice gift I've got for you."

"You've cut off your hair?" asked Jim, laboriously, as if he had not arrived at that patent fact yet even after the hardest mental labor.

"Cut it off and sold it," said Della. "Don't you like me just as well, anyhow? I'm me without my hair, ain't I?"

Die Tür ging auf, Jim trat ein und machte sie hinter sich zu. Er sah schmal und ernst aus. Armer Kerl, erst zweiundzwanzig und schon mit einer Familie beladen! Er brauchte einen neuen Mantel und hatte keine Handschuhe.

Jim blieb an der Türe stehen, bewegungslos wie ein Setter, der eine Wachtel wittert. Seine Augen waren auf Della gerichtet und hatten einen Ausdruck, den sie nicht deuten konnte und der sie erschreckte.

Es war weder Zorn noch Überraschung, weder Mißbilligung noch Entsetzen, überhaupt keines der Gefühle, auf die sie gefaßt war. Er starrte sie ganz einfach an, mit jenem sonderbaren Ausdruck auf seinem Gesicht.

Della rutschte vom Tisch herunter und ging auf ihn zu.

«Jim, Liebster», rief sie, «schau mich nicht so an. Ich ließ mein Haar abschneiden und verkaufte es, weil ich Weihnachten einfach nicht überstanden hätte, ohne dir etwas zu schenken. Es wird wieder nachwachsen – du bist nicht böse, nicht wahr? Ich mußte es einfach tun. Und meine Haare wachsen ja unheimlich schnell. Sag ‹Fröhliche Weihnachten›, Jim, und laß uns glücklich sein. Du weißt ja gar nicht, was für ein schönes – ja, wunderschönes Geschenk ich für dich habe.»

«Dein Haar hast du dir abgeschnitten?» fragte Jim mühsam, als hätte er trotz der härtesten geistigen Anstrengung diese offensichtliche Tatsache noch nicht erfaßt.

«Abgeschnitten und verkauft», sagte Della. «Magst du mich nicht trotzdem genauso gern? Ich bin doch auch ohne das Haar immer noch dieselbe, nicht wahr?»

Jim looked about the room curiously.

"You say your hair is gone?" he said, with an air almost of idiocy.

"You needn't look for it," said Della. "It's sold, I tell you–sold and gone, too. It's Christmas Eve, boy. Be good to me, for it went for you. Maybe the hairs of my head were numbered," she went on with a sudden serious sweetness, "but nobody could ever count my love for you. Shall I put the chops on, Jim?"

Out of his trance Jim seemed quickly to wake. He enfolded his Della. For ten seconds let us regard with discreet scrutiny some inconsequential object in the other direction. Eight dollars a week or a million a year–what is the difference?

A mathematician or a wit would give you the wrong answer. The magi brought valuable gifts, but that was not among them. This dark assertion will be illuminated later on.

Jim drew a package from his overcoat pocket and threw it upon the table.

"Don't make any mistake, Dell," he said, "about me. I don't think there's anything in the way of a haircut or a shave or a shampoo that could make me like my girl any less. But if you'll unwrap that package you may see why you had me going a while at first."

White fingers and nimble tore at the string and paper. And then an ecstatic scream of

Jim schaute sich forschend im Zimmer um.

«Du sagst, dein Haar ist fort?» sagte er mit fast idiotischem Ausdruck.

«Du brauchst nicht danach zu suchen», sagte Della. «Verkauft ist es, sag ich dir, verkauft und fort. Es ist Heiliger Abend, mein Junge. Sei lieb zu mir, ich habe es ja für dich getan. Es mag ja sein, daß die Haare auf meinem Kopf gezählt waren», fuhr sie fort mit plötzlich ernsthafter Zärtlichkeit, «aber niemand könnte jemals meine Liebe zu dir zählen. Soll ich jetzt die Kotelettes aufsetzen, Jim?»

Nun schien Jim schnell aus seinem Trancezustand zu erwachen. Er schloß seine Della in die Arme. Wir wollen daher zehn Sekunden lang mit diskreter Genauigkeit einen belanglosen Gegenstand in entgegengesetzter Richtung betrachten. Acht Dollar in der Woche oder eine Million im Jahr – was ist der Unterschied? Ein Mathematiker oder ein geistreicher Kopf würden uns eine falsche Antwort geben. Die drei Weisen aus dem Morgenlande brachten kostbare Geschenke, aber jenes schönste Geschenk war nicht darunter. Diese dunkle Andeutung wird sich später aufklären.

Jim zog ein Päckchen aus seiner Manteltasche und warf es auf den Tisch.

«Täusche dich nicht in mir, Dell», sagte er. «Ich glaube, kein Haarschneiden, Scheren oder Waschen könnte mich dazu bringen, mein Mädchen weniger zu lieben. Aber wenn du dieses Päckchen aufmachst, wirst du sehen, warum ich zuerst eine Weile außer Fassung war.»

Weiße Finger zogen behende an Schnur und Papier. Ein entzückter Freudenschrei; und dann – o weh – ein joy; and then, alas! a quick feminine change to hysterical tears and wails, necessitating the immediate employment of all the comforting powers of the lord of the flat.

For there lay The Combs—the set of combs, side and back, that Della had worshipped for long in a Broadway window. Beautiful combs, pure tortoise shell, with jewelled rims—just the shade to wear in the beautiful vanished hair. They were expensive combs, she knew, and her heart had simply craved and yearned over them without the least hope of possession. And now, they were hers, but the tresses that should have adorned the coveted adornments were gone.

But she hugged them to her bosom, and at length she was able to look up with dim eyes and a smile and say: "My hair grows so fast, Jim!"

And then Della leaped up like a little singed cat and cried, "Oh, oh!"

Jim had not yet seen his beautiful present. She held it out to him eagerly upon her open palm. The dull precious metal seemed to flash with a reflection of her bright and ardent spirit.

"Isn't it a dandy, Jim? I hunted all over town to find it.

You'll have to look at the time a hundred times a day now. Give me your
102 watch. I want to see how it looks on it."

103 Instead of obeying, Jim tumbled down on

schneller echt weiblicher Umschwung zu jähen Tränen und Klagen, welche den Herrn des Hauses vor die augenblickliche Notwendigkeit stellten, mit ganzer Kraft Trost zu spenden.

Denn da lagen sie, die Kämme – die ganze Garnitur von Kämmen, seitlich und hinten einzustecken, die Della so lange schon in einem Schaufenster am Broadway bewundert hatte. Herrliche Kämme, aus echtem Schildpatt, mit juwelenverzierten Rändern – genau von der Farbe, die zu dem verschwundenen Haar gepaßt hätte. Es waren teure Kämme, das wußte sie, und ihr Herz hatte sie voller Sehnsucht begehrt, ohne im entferntesten zu hoffen, sie je zu besitzen. Und jetzt gehörten sie ihr, aber die Flechten, die diese heißersehnten Schmuckstücke hätten zieren sollen, waren fort.

Doch sie drückte sie an ihr Herz, und endlich konnte sie aus verweinten Augen aufblicken und lächelnd sagen: «Meine Haare wachsen ja so rasch, Jim.»

Und dann sprang Della wie eine kleine, angesengte Katze in die Höhe und rief: «Oh, oh!»

Jim hatte ja sein schönes Geschenk noch gar nicht gesehen. Sie hielt es ihm eifrig auf offener Hand entgegen. Das mattglänzende, kostbare Metall schien auf einmal aufzuleuchten und ihre innige Freude widerzuspiegeln.

«Ist sie nicht ein Prachtstück, Jim? Ich habe die ganze Stadt abgejagt, bis ich sie gefunden habe. Du mußt jetzt hundertmal am Tag nach der Zeit sehen. Gib mir deine Uhr. Ich möchte sehen, wie sie sich daran ausnimmt.»

Anstatt Folge zu leisten, ließ sich Jim auf die Couch

the couch and put his hands under the back of his head and smiled.

"Dell," said he, "let's put our Christmas presents away and keep 'em a while. They're too nice to use just a present.

I sold the watch to get the money to buy your combs. And now suppose you put the chops on."

The magi, as you know, were wise men—wonderfully wise men—who brought gifts to the Babe in the manger. They invented the art of giving Christmas presents. Being wise, their gifts were no doubt wise ones, possibly bearing the privilege of exchange in case of duplication. And here I have lamely related to you the uneventful chronicle of two foolish children in a flat who most unwisely sacrificed for each other the greatest treasures of their house. But in a last word to the wise of these days let it be said that of all who give gifts these two were the wisest. Of all who give and receive gifts, such as they are wisest. Everywhere they are wisest. They are the magi.

fallen, faltete die Hände hinter dem Kopf und lächelte.

«Dell», sagte er, «wir wollen unsere Weihnachtsgeschenke wegpacken und eine Weile aufheben. Sie sind zu schön, als daß wir sie jetzt gleich benützen könnten. Ich habe die Uhr verkauft, um das Geld für deine Kämme zu bekommen. Und jetzt, glaube ich, wäre es Zeit, die Kotelettes aufs Feuer zu stellen.»

Die Heiligen Drei Könige waren, wie Sie wissen werden, weise Männer – wunderbar weise Männer –, die dem Kindlein in der Krippe Geschenke brachten. Sie erfanden die Kunst des weihnachtlichen Schenkens. In ihrer Weisheit wählten sie sicher Geschenke, die für den Fall, schon auf dem Gabentisch vertreten zu sein, umgetauscht werden konnten. Und da habe ich Ihnen nun mit unbeholfener Feder die recht ereignislose Geschichte von zwei närrischen Kindern in einer Wohnung erzählt, die einander, gar nicht sehr weise, ihre größten Schätze geopfert haben. Aber in meinem Schlußwort an die Weisen unserer Tage möchte ich sagen, daß von allen, die schenken, diese beiden am weisesten waren. Von allen, die schenken und beschenkt werden, sind ihresgleichen am weisesten. Das gilt für immer und überall. *Sie* sind die Könige.

O. Henry (Pseudonym für William Sydney Porter) wurde 1867 in Nordkarolina geboren. Mit fünfzehn Jahren ging er seiner schwachen Gesundheit wegen nach Texas, wo er seinen Lebensunterhalt als Ranch-Arbeiter, Buchhalter und Bankkassierer verdiente. Im Jahre 1895 sollte er wegen einer geringfügigen Veruntreuung vor Gericht gestellt werden. Er floh nach Südamerika und führte dort monatelang ein abenteuerliches Vagabundenleben. Auf die Nachricht von der hoffnungslosen Erkrankung seiner Frau kehrte er zurück, um sogleich verhaftet und für mehrere Jahre ins Gefängnis geschickt zu werden. Hier entstanden seine ersten Erzählungen. Nach seiner Freilassung fand er in New York, seinem geliebten «Bagdad on the Hudson», eine neue Heimat. In rascher Folge erschienen nun Dutzende von Erzählungen, die dem vielgestaltigen Leben der damaligen Viermillionenstadt abgelauscht sind und von denen die besten später unter dem Titel «The Four Million» zusammengefaßt wurden. In dem Gewirr der zahllosen Straßen und Plätze fand er sie, die kleinen Verkäuferinnen und Angestellten, die Gauner und Polizisten, die Abenteurer, armen Teufel und Gestrandeten, und setzte ihnen und ihrer Zeit in seinen Geschichten ein Denkmal.

Wie Charles Dickens, den er zeitlebens bewunderte, steht auch O. Henry auf der Seite der Armen, Hungrigen und Unterdrückten. Doch jedesmal, wenn seine Bilder in trüben und düsteren Farben zu verschwimmen drohen, ist auch schon sein augenzwinkernder, versöhnender Humor zur Stelle, um der Erzählung ihren hellen, heiteren Charme zurückzugeben.

Auch das Leben dieses geborenen Erzählers war nur eine Kurzgeschichte – es währte nur dreiundvierzig Jahre. Und er beschloß es gleichsam mit einem jener ironischen «twists», mit denen er so vielen seiner Geschichten zu einem originellen und unerwarteten Schluß verholfen hatte. «Don't turn down the light», sagte er kurz vor dem Sterben, und fuhr dann fort mit dem Refrain eines damals beliebten Liedes: «I'm afraid to go home in the dark».

Der Name O. Henry ist mit der modernen amerikanischen Kurzgeschichte auch nach dem Tode seines Trägers in einer lebendigen Verbindung geblieben. Im Jahre 1918 stiftete die Society of Arts and Sciences den O. Henry Memorial Price, der seither für die beste Kurzgeschichte jedes Jahres verliehen wird und zu den begehrtesten Literaturpreisen der Vereinigten Staaten gehört.